Apulien
mit Gargano

Eva Gründel
Heinz Tomek

Die Autoren
Die aus Wien gebürtigen Autoren waren viele Jahre lang in leitenden journalistischen Positionen ihrer Heimatstadt beschäftigt. Gemeinsam haben sie zahlreiche Reisebücher mit Schwerpunkt Italien veröffentlicht. Seit 1995 leben sie als freie Schriftsteller auf Sizilien.

Abendlicher Plausch: Auf der stimmungsvoll erleuchteten Piazza XX. Settembre in Ostuni wird die Nacht zum Tage. Die mittelalterlichen Gebäude geben eine ideale Kulisse ab.

Willkommen in Apulien

Apulien erleben

MERIAN-Tips

Sehenswerte Orte und Ausflugsziele

Routen und Touren

Karten und Pläne

Die Buchstaben-Zahlen-Kombinationen im Text verweisen auf die Planquadrate der Karten.

Wichtige Informationen

Lustvoll-chaotischer Süden oder eine der gepflegtesten Kulturregionen Italiens? Apulien weiß beide Extreme miteinander zu verbinden.

Vom Felsmassiv des wildromantischen Gargano, der wie ein Sporn in die Adria ragt, bis zum südöstlichsten Ende der Apenninenhalbinsel erstreckt sich im wahrsten Sinne des Wortes das kleine, aber feine Apulien: Mit nur knapp 20 000 Quadratkilometern nimmt es bloß 6,4 Prozent der Gesamtfläche Italiens ein, doch seine Küsten umfassen die stolze Länge von 760 Kilometern. Dazwischen dehnen sich mehr oder minder hohe Ebenen aus – der Tavoliere im Norden, die Murge in der Mitte, das Salento im Süden. Ein meerumspültes Land, in seiner Flachheit seit jeher Eroberern schutzlos preisgegeben. Aber auch ein einstmals weitgeöffnetes Tor zum Orient und damit zur hohen Schule in der Kunst des Geschäftemachens, wofür die Apulier zu Recht berühmt waren und sind.

Gefährliche Nachbarschaft

Heute bedeutet der apulische Brückenkopf zum Pulverfaß Balkan für die italienische Regierung allerdings mehr Last als Lust, liegt doch das krisengeschüttelte Albanien bei Ótranto kaum

Sprung ins kühle Naß – am südlichsten Zipfel des Stiefelabsatzes bei Gagliano del Capo ist das Meer so blau wie im Bilderbuch.

70 Kilometer nah. Längst haben Boote voll verzweifelter Flüchtlinge – wie zuletzt im Kosovo-Krieg des Jahres 1999 – die einstmals reichen Handelsflotten aus der Levante abgelöst. Doch auch in Friedenszeiten nehmen alljährlich Abertausende illegale Einwanderer aus den ärmsten Gebieten Osteuropas, Asiens und Nordafrikas die gefährliche Überfahrt auf sich, um sich im »gelobten Land Italien« ein neues Leben aufzubauen.

Tatsächlich kann Apulien, das wie alle anderen Regionen Süditaliens auch mit einer weit höheren Arbeitslosenquote als Norditalien zu kämpfen hat, mit dem massenhaften Zuzug der Ärmsten der Armen kaum noch fertigwerden. Lediglich in der Landwirtschaft bieten sich Erwerbsmöglichkeiten für ungelernte Tagelöhner, nicht aber im Tourismus, der zum mittlerweile unverzichtbaren Wirtschaftsfaktor geworden ist. Zwar sorgen Agrarprodukte wie Gerste, Hafer, Oliven, Obst und Gemüse auch weiterhin für bescheidenen Wohlstand. Doch ohne Deviseneinnahmen aus dem Fremdenverkehr wäre der Traum jedes Apuliers, irgendwann einmal auch ökonomisch mit der reichen Lombardei gleichziehen zu können, in unerreichte Fernen gerückt. Anders als die anderen Regionen des »Mezzogiorno« (bedeutet eigentlich »Mittag« und steht als Synonym für Italiens Süden) hat sich Apulien nämlich seit jeher am wirtschaftlich bedeutenden Norden orientiert.

Umzüge und Prozessionen gehören zum festen Bestandteil des öffentlichen Lebens.

Teuer erkaufter Fortschritt

Dementsprechend hat man sich in den sechziger Jahren des 20. Jahrhunderts auch nicht lange gegen den Aufbau einer Schwerindustrie im Golf von Tarent gewehrt. Doch die riesigen Eisenhüttenwerke der Stahlgesellschaft Italsider, die Raffinerien und Zementwerke bescherten nur kurzfristig den versprochenen Aufschwung. Allzu hoch erscheint mittlerweile den Tarentinern der Preis, den sie für die längst nicht mehr so sicheren Arbeitsplätze zu bezahlen hatten: Kein noch so kräftiger Sturm kann heute die stinkende Smog-Glocke vertreiben, die als gesundheitsschädlicher Dunst über einer der berühmtesten antiken

Griechenstädte des italienischen Festlandes liegt. Die erschütternden Folgen einer Industrie, die von Umweltschutz noch nie etwas gehört zu haben scheint: Im Raum Tarent sterben doppelt so viele Menschen an Krebs wie im übrigen Apulien.

Wo man im Altertum Abermillionen Purpurschnecken aus dem glasklaren Wasser des Golfes geholt hatte, läßt es sich in jeder Hinsicht längst nur noch im Trüben fischen. Kriminalität und Drogenhandel stehen an der Tagesordnung in einer immer mehr verfallenden Altstadt, in der nur noch wenig vom entschwundenen Glanz glücklicherer Epochen zu erzählen vermag. Ein Glanz, der durchaus wörtlich zu nehmen war: **Das Gold von Tarent**, jene güldenen, ziselierten Grabbeigaben, die bei Bauarbeiten in der Neustadt zufällig entdeckt wurden, zählen zu den kostbarsten Hinterlassenschaften der Antike überhaupt. Einzig und allein dieses großartigen Erbes wegen läßt der Tourismus die nach Bari zweitgrößte Stadt Apuliens mittlerweile nicht gänzlich links liegen.

Qualitätstourismus als Chance

Allmählich haben auch die Fremdenverkehrsstrategen begriffen, daß Apulien seine Zukunft einzig und allein in der Vergangenheit finden kann. So setzt man glücklicherweise nicht mehr auf kurzsichtige Projekte wie die Errichtung eines Billigtourismus, mit dem man zuletzt noch in den siebziger und achtziger Jahren den Gargano landschaftlich verunstaltet hat. Finanzkräftige Gäste bekommt man nun einmal nicht in häßliche Plattenbeton-Hotels, wohl aber in liebevoll restaurierte, stilvolle **Landsitze**, an denen es gerade in Apulien keinen Mangel gibt. Landauf landab finden sich nämlich großzügig angelegte Gutshöfe, sogenannte »Masserien«, die wie keine anderen Bauwerke das Landschaftsbild prägen. Unermeßlich reiche, zumeist adelige Großgrundbesitzer hatten diese mächtigen Bauwerke, denen eine seltsame Zwitterstellung zwischen Gehöft, schwer befestigtem Bollwerk und noblem Herrschaftssitz zukam, errichtet.

Jahrhundertelang konnte man sich nur innerhalb der Mauern solcher Trutzburgen in den weiten, zum Meer hin offenen Ebenen Apuliens vor Raubzügen zu Lande und zu Wasser sicher fühlen. Im Hochsommer dienten sie ihren Besitzern als komfortable Sommerresidenzen, im Herbst schliefen die von Gutsverwaltern beaufsichtigten Erntearbeiter auf dem blanken Boden der Innenhöfe. Sobald aber der Wein gekeltert, die Oliven gepreßt und das Getreide gedroschen waren, schlossen sich die Tore bis zum nächsten Jahr, und nur der Verwalter – der »massaro« – kümmerte sich noch eine Weile um den leerstehenden Bau, bevor auch er wieder in eine der umliegenden Städte zog.

Erst die tiefgreifenden Landreformen in den fünfziger Jahren des 20. Jahrhunderts räumten mit dem seit der Antike praktizierten System des Großgrundbesitzes – und damit auch einer sich überlebt habenden Gesellschaftsschicht – auf. Viele der ihrer Funktion beraubten Masserien, von denen die ältesten aus dem 16. Jahrhundert stammen, drohten zu verfallen, bis sich die Denkmalbehörden und in weiterer Folge ein kluges Fremdenverkehrs-Management der unersetzlichen Bausubstanzen annahmen. Sorgfältig restauriert und zu Hotelanlagen umfunktioniert, stellen die in nach wie vor einsamer Landschaft aufragenden Gutshöfe nunmehr das Rückgrad von Apuliens **Qualitätstourismus** dar. Urlauber auf der Suche nach Ruhe und Erholung kommen in solchem Ambiente ebenso auf ihre Kosten wie Reisende, denen nach ihren Besichtigungstouren der Sinn danach steht, auch einmal in historischen Gemäuern zu übernachten.

Schatzkammer aus Stein

Apulien, bereits vor 300 000 Jahren besiedelt, kann sich einer nahezu lückenlosen Dokumentation von der Altsteinzeit bis zum Beginn der Metallzeit rühmen. Unzählige Funde wie Faustkeile, Pfeilspitzen und Schmuck, Höhlenzeichnungen und aus Knochen gefertigte Statuetten, Gräber, Skelette und Keramiken erhellen die Dunkelzone unser aller Vergangenheit wie kaum anderswo in Europa. Doch erst die ab dem 8. Jahrhundert v. Chr. eingewanderten Griechen tauchen das Land am südöstlichen Ende der Apenninenhalbinsel ins strahlende Licht der Geschichte. Als Teil »Magna Graecias«, also »Großgriechenlands«, das schließlich

Apulien – la gran madre dell'olio – ist einer der großen Lieferanten für Olivenöl in Italien und ganz Europa.

ganz Unteritalien und Sizilien umfaßt, erlebt Apulien seine erste wirtschaftliche und kulturelle Blüte.

Danach prägen Römer, Langobarden, Byzantiner, Araber und Normannen das Antlitz dieser bukolischen Landschaft, bis mit dem Stauferkaiser Friedrich II. die Regentschaft großer europäischer Herrscherhäuser anbricht: der Anjous, des Hauses Aragon und der spanischen Bourbonen. 1860 zieht Giuseppe Garibaldi mit seiner Einigung Italiens auch unter dieses Kapitel einen Schlußstrich. Was folgt, ist **gesamtitalienische Zeitgeschichte**, wobei sich die architektonische Hinterlassenschaft, abgesehen von einigen wenigen Jugendstilgebäuden, in protzigen Mussolini-Bauwerken erschöpft.

Welch großartige Monumente haben hingegen andere Epochen hinterlassen! Allen voran waren es die Normannen, die mit ihren romanischen Kathedralen und Kirchen Kunstwerke von schier unfaßbarer Schönheit schufen. Baumeister Gottes, diesen Beinamen haben sich diese Haudegen aus dem Norden, denen der Süden zum Schicksal wurde, wahrlich verdient.

Das »Staunen der Welt«

Keinen geringeren Beinamen als »stupor mundi« – das »Staunen der Welt« – verliehen bereits Zeitgenossen der wohl schillerndsten Persönlichkeit unter allen Kaisern der Deutschen: Friedrich II., Enkelsohn des legendenumwobenen Staufers Barbarossa (Friedrich I.) väterlicher- und des sizilianischen Normannenkönigs Roger II. mütterlicherseits, liebte Apulien mehr als alle anderen Landstriche seines riesigen Reiches. Die größte und zentralste seiner Residenzen, von denen es in Apulien zehn, in Sizilien hingegen außer Palermo nur drei gab, errichtete er in Foggia. Nur noch

LESETIP

Ein Herrscher ganz besonderer Art: Nur nach Metern läßt sich die Literatur über Friedrich II. messen. Dieser undogmatische Freigeist beschäftigte sich zeitlebens mit Philosophie und Naturwissenschaften. In seinem politischen Denken war er seiner Zeit voraus. Eine interessante Lektüre stellt Horst Sterns Best- und Longseller **Mann aus Apulien** dar (Knaur Taschenbücher, ISBN 3-426-60135-4, 14, 90 DM), denn hier kommt der Kaiser anhand (fiktiver) Privatpapiere ausnahmsweise einmal selbst zu Wort.

Chroniken berichten von diesem Märchen aus Tausendundeiner Nacht, von den prunkvollen Säulenhöfen, Löwenbrunnen und Tiergehegen blieb bedauerlicherweise kein Stein auf dem anderen.

Andere **Architektur-Juwele** hingegen haben das wütende Zerstörungswerk des Papsttums, mit dem Friedrich zeit seines Lebens erbitterte Kämpfe ausgefochten hatte, glanzvoll überdauert. So zeugen beispielsweise die vier im Aufbau nahezu gleichen Staufer-Festungen am Meer in Barletta, Trani, Bari und Brindisi von der Großzügigkeit und Weitläufigkeit mittelalterlicher Wehrbauten. Doch selbst diese großartigen Anlagen, denen Zeit und Witterung kaum etwas anhaben konnten, verblassen gegenüber **Castel del Monte**, der »Krone Apuliens«. Weithin sichtbar thront Friedrichs honiggoldenes Schloß auf einem 540 Meter hohen Hügel in der nördlichen Murge. Achteckig der Grundriß, achteckig die acht Türme – bis heute wirft dieses grandiose Bauwerk aus den dreißiger Jahren des 13. Jahrhunderts Rätsel auf.

Wie auch immer, diese Stauferburg gehört zu den Höhepunkten einer Apulien-Erkundung, ist ein absolutes »Muß« wie auch ein Besuch der seltsamen Kegelhäuser, Trulli genannt. In ganz Europa gibt es keine Bauform, mit der sich die seltsamen Behausungen im Valle d'Itria vergleichen ließen. Heute zählt das vom übrigen Italien lange Zeit vergessene Trulli-Land in dem eng begrenzten Dreieck zwischen den Orten Alberobello, Locorotondo und Martina Franca zu den unverwechselbaren »Markenzeichen« einer Region, die ihren Weg in die Zukunft gefunden hat.

Die Grottenkirche Cripta della Candelora in Massafra birgt guterhaltene Fresken.

Bari und Brindisi bieten zwei internationale Flughäfen, und das gutausgebaute Autobahn- und Eisenbahnnetz bringt den Reisenden rasch ans gewünschte Ziel.

Mit dem Auto Von der Nordgrenze Italiens geht es zunächst ab Mailand bzw. (vom Brenner via Bozen und Verona kommend) ab Modena über die Autobahn A 1 nach Bologna. Von hier aus benützt man entweder weiter die A 1 über Florenz und Rom bis Caserta bei Neapel, zweigt auf die A 30 ab und dann nach knapp 20 Kilometern auf die A 16, die via Benevento und Canosa nach Bari und Tarent führt. Oder man nimmt die – im Sommer sehr stark frequentierte – Adria-Autobahn A 14 über Rimini, Ancona und Pescara, die ins Landesinnere Apuliens über Foggia und Bari bis Tarent verläuft. Alle diese **autostrade** sind gebührenpflichtig. Entfernungen bis Bari: von München (über Brenner) 1370 Kilometer; von Basel (über St. Gotthard) 1350 Kilometer; von Wien (über Tarvis) 1500 Kilometer. Halten Sie sich als Autofahrer unbedingt an die Verkehrsregeln, insbesondere an die Tempolimits. Verkehrssünder werden erbarmungslos zur Kasse gebeten. Diskussionen mit der Polizei können böse enden.

Mit dem Flugzeug Die internationalen Flughäfen von Bari und Brindisi werden in der Touristensaison (Mai bis Oktober) von zahlreichen Chartergesellschaften angeflogen (z. B. LTU einmal wöchentlich ab Düsseldorf). Reisebüros informieren über günstige Arrangements. Mit Linienflügen (Alitalia) erreicht man Apulien mehrmals täglich über Turin, Genua, Mailand, Bologna, Pisa oder Rom. In Italien bietet Neapel Direktflüge mit Alitalia, Lufthansa, Crossair, Sabena, British Airways an. Hier sind auch alle großen Leihwagenfirmen vertreten. Will man von dort aus per Bahn oder Linienbus weiter, muß man für die rund 250 Kilometer bis Bari mindestens drei Stunden veranschlagen. Vom dritten apulischen Flughafen, dem kleinen Aeroporto Gino Lisa in Foggia, gibt es Verbindungen nach Mailand und den Tremiti-Inseln (Gesellschaft Alidaunia).

Bari: Flughafen Palese (Info Tel. 0 80/5 38 23 70), 12 Kilometer vom Stadtzentrum entfernt. Transferbusse, abgestimmt auf die Ankunfts- und Abfahrzeiten, der städtischen Linie 16 nach und von Piazza Massari (Fahrzeit 40 Minuten) bzw. der Gesellschaft Tempesta nach und von Stazione Centrale (Hauptbahnhof, Fahrzeit 30 Minuten). Vom Bahnhofsvorplatz fahren die Überlandbusse in die wichtigsten Orte Apuliens ab.

Brindisi: Flughafen Papola-Casale (Info Tel. 08 31/41 88 05), 5 Kilometer vom Stadtzentrum entfernt. Transferbusse zur Stazione FS (Bahnhof, Fahrzeit 15 Minuten) und nach Lecce (Piazza Mazzini, Fahrzeit eine Stunde). Überlandbusse fahren in Brindisi in der Via Mazzini und Via G. Bruno in Bahnhofsnähe ab.
Foggia: Flughafen Gino Lisa, Tel. 08 81/61 79 16, 3 Kilometer bis zum Stadtzentrum. Transferbusse der städtischen Linien 18 und 19 zur Stazione FS (Bahnhof, Fahrzeit 25 Minuten).

Alitalia-Informationen
Tel. gebührenfrei 14 78/6 56 43
(vom Handy 06/6 56 43)

Alitalia-Ticketbüro
für Inlandsflüge
Tel. 14 78/6 56 41
(vom Handy 06/6 56 41)
für internationale Flüge
Tel. 14 78/6 56 42
(vom Handy 06/6 56 42)

Leihwagen Die internationalen Autoverleiher sind auf den beiden großen apulischen Flughäfen Bari und Brindisi jeweils mit eigenen Ständen vertreten (→ S. 15).

Mit dem Zug oder dem Bus Ebenso wie die Autobahnen verlaufen auch die **Eisenbahn-Routen** nach Apulien zunächst über Bologna, dann entweder über Florenz, Rom und Neapel oder über Ancona und Pescara.

Kurswagen gibt es nur von Deutschland (Düsseldorf, Frankfurt, München) nach Bari und Brindisi, alle anderen Reisenden müssen in Mailand, Bologna, Rom oder Neapel umsteigen. Ein täglicher **Autoreisezug** verkehrt zwischen Neu Isenburg (Frankfurt/Main) und Bologna bzw. zwischen Bozen und Bologna oder Bari.

Direkte **Linienbus-Verbindungen** mit Deutschland, Österreich oder der Schweiz gibt es derzeit leider nicht.

MERIAN-TIP

Mit dem Bus quer durchs Land Von erfahrenen Reiseleitern geführte Busfahrten nach und in Apulien werden von Reiseunternehmen in allen deutschsprachigen Ländern angeboten. Für alle, die es nicht allzu eilig haben, stellt dies sicherlich die preisgünstigste Art dar, eine der interessantesten Regionen Italiens sowie auch manche Sehenswürdigkeit auf der Hin- oder Rückfahrt kennenzulernen.

Problemloses Reisen in Apulien:

Das geht, dank seiner hervorragend ausgebauten Straßen und gutfunktionierenden öffentlichen Verkehrsmittel.

Unterwegs mit dem Auto Die wichtigsten **Überland-Verbindungen** sind die – mautpflichtigen – Autobahnen A 14 (Foggia–Bari–Tarent) und A 16 (Neapel–Canosa) sowie die Staatsstraßen SS 89 Garganica (S. Severo–Foggia), SS 172 Dei Trulli (Casamassima–Turi–Putignano–Alberobello), SS 173 Terme Salentine (Ótranto–S. Maria di Léuca) und SS 16 Adriatica.

Während diese Verkehrswege – ausgenommen an Badewochenenden – kaum staugefährdet sind, muß man in den Städten an Werktagen mit verstopften Straßen rechnen. Da auch Parkplätze äußerst rar sind, ist es besser, auf den eigenen Wagen zu verzichten und öffentliche Verkehrsmittel zu benutzen bzw. historische Stadtzentren zu Fuß zu erkunden. Wer Gegenstände, von welchem Wert auch immer, in einem unbewacht geparkten Auto zurückläßt, riskiert mit hoher Wahrscheinlichkeit, daß das Fahrzeug aufgebrochen, wenn nicht gar gestohlen wird. Das gilt auch für Autoradios. Lassen Sie also Ihr Gepäck im Hotel oder nehmen auf die Fahrt überhaupt nur kleine Reisetaschen mit, die man gegebenenfalls in jedem Café für die kurze Zeit einer Besichtigung sicher deponieren kann.

Hat man sich einmal an den temperamentvollen, aber keineswegs rücksichtslosen Fahrstil der Süditaliener gewöhnt, so kann man Apulien auch hinter dem Steuerrad durchaus genießen. Das **Tankstellennetz** für alle Treibstoffe ist flächendeckend (Öffnungszeiten 7–13 und 16–20 Uhr, ein Ruhetag pro Woche, auf Autobahnen und Schnellstraßen rund um die Uhr geöffnet), ebenso finden sich überall Werkstätten für alle gängigen Marken.

Mit dem Drahtesel Als Region ohne hohe Berge bietet sich Apulien zum Radfahren geradezu an. Auch gibt es zahlreiche, in der Mehrzahl asphaltierte Nebenstraßen mit wenig Autoverkehr. Allerdings nur ganz selten schattige Abschnitte, so daß von Radtouren im Hochsommer abzuraten ist. Für Tagesausflüge und kürzere Fahrten kann man sich in fast allen größeren Urlaubsorten Fahrräder leihen, die jedoch technisch meist nicht gerade perfekt sind. Wer eine längere Tour plant, sollte daher besser seinen eigenen Drahtesel mitnehmen. Es besteht auch die Möglichkeit, das Rad in einigen Zügen der DB mitzunehmen. Hierzu gibt es eine Broschüre bzw. eine Radler-Hotline (Tel. 01 80/3 19 41 94).

Leihwagen
Avis
Bari: Tel. 0 80/5 31 61 68
Brindisi: Tel. 08 31/41 88 26
Hertz
Bari: Tel. 0 80/5 37 36 66
Brindisi: Tel. 08 31/41 21 09
Eurodollar
Bari: Tel. 0 80/5 31 61 76
Brindisi: Tel. 08 31/41 36 39
Italy by Car/Thrifty
Bari: Tel. 0 80/5 38 26 84
Brindisi: Tel. 08 31/41 33 27
Europcar
Bari: Tel. 0 80/5 31 61 44
Brindisi: Tel. 08 31/41 20 61
Maggiore/Budget
Bari: Tel. 0 80/5 31 61 80
Brindisi: Tel. 08 31/41 81 55

Lokale Leihwagenfirmen findet man in den Urlaubsorten. Die Mietpreise beginnen bei etwa 120 Mark pro Tag. Pannendienst des italienischen Automobilclubs ACI (Soccorso Stradale): Tel. 1 16

Öffentliche Verkehrsmittel Apulien ist mit öffentlichen Verkehrsmitteln hervorragend erschlossen. Das **nationale Eisenbahnnetz** setzt sich aus folgenden Strecken zusammen: Foggia–Bari–Brindisi–Lecce, Foggia–Benevento–Neapel, Brindisi–Táranto–Metaponto–Reggio Calabria, Bari–Foggia–Neapel–Rom. Zwei Lokalbahnen erschließen den Gargano: Die eine verkehrt von San Severo über Rodi nach Pèschici, die andere von Foggia nach Manfredónia. Achtung: Fahrkarten müssen am Bahnsteig entwertet werden, sonst gibt's Geldstrafen.

Mit **Bussen** erreicht man auch die entlegensten Orte, allerdings haben die lokalen Gesellschaften ihre Fahrpläne nur selten aufeinander abgestimmt. Geduld und viel Zeit sind daher vonnöten, wenn man mit italienischen Bussen durch Apulien reisen will.

Entfernungen (in km) zwischen wichtigen Orten in Apulien

	Alberobello	Bari	Brindisi	Castel del Monte	Foggia	Lecce	Manfredónia	Ótranto	Táranto	Vieste
Alberobello	–	50	67	123	187	105	162	150	43	222
Bari	50	–	117	48	137	155	112	200	89	172
Brindisi	67	117	–	165	254	38	229	83	52	289
Castel del Monte	123	48	165	–	86	203	86	248	145	146
Foggia	187	137	254	86	–	292	39	337	226	99
Lecce	105	155	38	203	292	–	267	45	95	327
Manfredónia	162	112	229	86	39	267	–	312	201	60
Ótranto	150	200	83	248	337	45	312	–	140	372
Táranto	43	89	52	145	226	95	201	140	–	261
Vieste	222	172	289	146	99	327	60	372	261	–

Gastfreundschaft zählt in Süditalien schon seit der Antike zu den höchsten Tugenden. Man genießt sie nach wie vor in Unterkünften aller Kategorien.

Ferien für jeden Geschmack Ob unter einem oder Millionen Sternen, ob unter freiem Himmel oder dem Baldachin eines luxuriösen Himmelbettes – in Apulien findet jeder Ferienglück nach seiner Fasson. Reisende mit schmalem Geldbeutel werden einen der zahlreichen Campingplätze aufsuchen, die praktisch in der gesamten Region zur Verfügung stehen, am häufigsten in der Nähe der Badeorte am Meer. Auch Bungalows, Apartments und Privatzimmer sind meist recht preisgünstig, ebenso ein Urlaub auf dem Bauernhof (**agriturismo**), bei dem man auch echte Trulli mieten kann (→ S. 92). Verzeichnisse über die Angebote an Privatzimmern und den gerade in Apulien hoch entwickelten und bestens organisierten Agriturismo erhält man bei den Fremdenverkehrsämtern der Region bzw. der einzelnen Orte.

Bei den Hotels reichen die Kategorien von einem bis zu fünf Sternen, doch kann man von diesen nicht immer auf die Preisklasse schließen. Vor allem in der Vor- und Nachsaison lassen sich mit einigem Geschick beträchtliche Preisnachlässe erzielen, wenn die Häuser nicht ausgelastet

Sonne, Wasser und Komfort: Die Masseria Santa Lucia läßt keinen Wunsch offen.

sind. In der Hochsaison dagegen, rund um **ferragosto** (15. August), wenn ganz Italien urlaubenderweise auf den Beinen ist, werden selbst für finstere Hinterzimmer astronomische Summen bezahlt. Juli/August erhält man in den Hotels und Ferienclubs der Urlaubsorte am Meer nur Zimmer mit zumindest Halbpension. Rundreisende sollten daher eher auf Städte oder in das Landesinnere ausweichen.

Frühstück all'italiana Fast immer ist im Übernachtungspreis das Frühstück enthalten, freilich meistens ein sehr einfaches (Kaffee/Tee, Brötchen, Butter, Marmelade), Eier, Käse, Wurst werden jedoch gegen Aufzahlung serviert. Italiener sind nämlich keine großen »Frühstücker« und ziehen es zumeist vor, ihren **cappuccino** mit **cornetto** (Milchkaffe mit Hörnchen) stehend am Tresen der nächsten Bar einzunehmen.

Masserien Eine Besonderheit Apuliens sind die in Masserien (→ S. 8), ehemaligen landwirtschaftlichen Gütern, eingerichteten Hotels, die an gediegenem Komfort kaum Wünsche offen lassen. Sie bieten im Gegensatz zu manch großen Hotelanlagen und Ferienclubs am Meer noble Atmosphäre und absolute Ruhe in entspannender Umgebung.

Hotels sind bei den einzelnen Orten im Kapitel »Sehenswerte Orte und Ausflugsziele« beschrieben.

Preisklassen

Die Preise gelten für eine Übernachtung im Doppelzimmer für zwei Personen mit Frühstück.
Luxusklasse
300 000–500 000 Lit.
Obere Preisklasse
200 000–300 000 Lit.
Mittlere Preisklasse
120 000–200 000 Lit.
Untere Preisklasse
50 000–120 000 Lit.

MERIAN-TIP

Wohnen in der »weißen Stadt« Am Rande von Ostuni wurde in einem um 1600 von dem Spanier Don Saverio Lopez y Royo erbauten, mit mächtigen Mauern befestigten landwirtschaftlichen Anwesen ein kleines, intimes Hotel mit jeglichem Komfort eingerichtet. Den Gästen stehen antik möblierte Zimmer und geräumige Apartments, ein exzellentes Restaurant, Garten, Tennisplätze und ein Reitstall zur Verfügung. Das Stadtzentrum ist 4 km, der Strand 3 km entfernt. Castello Fortilizo »Lo Spagnulo«, Contrada Spagnulo, 72017 Ostuni (BR), Tel. 08 31/35 02 09, Fax 08 31/33 37 56, Mittlere/Obere Preisklasse ■ H 7

Die »Arme-Leute«-Küche Italiens bietet Speisen und Getränke vom Feinsten. Denn wer wenig Geld hat, braucht viel Phantasie und Können beim Kochen.

Ein gutes Stück Fleisch in einen saftigen Braten zu verwandeln ist nicht schwierig. Doch was tun, wenn man, wie vor noch nicht allzu langer Zeit, bloß Weizen, Oliven, Gemüse und Wein zur Verfügung hat? Apuliens Köche geben die Antwort, indem sie nach der Tradition ihrer Vorväter mit den einfachsten Zutaten die wunderbarsten Köstlichkeiten zaubern.

Der Qualitätsanspruch beginnt bereits beim Bäcker, denn apulisches Brot gilt zu Recht als besonders wohlschmeckend. Das Geheimnis: Es wird, so wie die besten italienischen Teigwaren, weitgehend aus dem vielgerühmten Hartweizen – **grano duro** – hergestellt. Ein saftiger, dottergelber Brotlaib, noch ofenwarm aufgeschnitten, ein wenig Olivenöl daraufgeträufelt, eine Handvoll sonnengereifter Tomaten und dazu ein Glas kellerkühler Wein – Herz, was begehrst Du eigentlich mehr?

Rohkost, »Öhrchen« und Tomaten Wie herrlich die einfachen Dinge des Lebens munden können, beweist auch die Sitte, gartenfrisches Gemüse roh als Antipasti zu servieren. Sorgfältig geputzt und appetitlich arrangiert,

Ob Tomaten, Zucchini oder Salate: Die Zutaten werden immer frisch auf dem Markt gekauft.

kommen grüne Selleriestangen und schneeweißer Fenchel, rote und gelbe Paprikaschoten, zarte Zucchini und junge Zwiebeln auf den Tisch. Zu dieser Rohkost vom Feinsten werden weder Dips noch Saucen gereicht, nichts soll den Eigengeschmack beeinträchtigen oder gar überdecken. Nach diesem Magenöffner ist Platz für die Pasta, das Nudelgericht, wobei man auch hier die schlichteste Variante – mit Basilikum gewürzte Tomatensauce auf hausgemachten Nudeln – nicht verachten sollte.

Apropos Teigwaren: Nur wenige der schier unzähligen Pasta-Sorten, die es dick oder dünn, kurz oder lang, gedreht oder glatt italienweit gibt und für die man bald ein eigenes Lexikon benötigen würde, lassen sich regional eindeutig zuordnen. Doch an der Herkunft der **orecchiette** – (der »Öhrchen«) – gibt es keinen Zweifel. Einzig und allein apulische Hausfrauen verstehen sich auch heute noch in der Kunst, den von einer meterlangen Rolle abgeschnittenen, etwa ein Zentimeter dicken Teigscheibchen durch geschickte Drehung des Daumens im Uhrzeigersinn die Form eines kleinen Ohres zu verleihen.

Natürlich werden auch orecchiette längst industriell hergestellt und in jedem Supermarkt angeboten, doch nach wie vor gehören die vor ihren Haustüren sitzenden Frauen, die ihre frisch zubereitete Pasta auf einfachen Drahtsieben formen und zum Trocknen ausbreiten, zum alltäglichen Straßenbild. Nur im September, zur Zeit der Tomatenernte, ändert sich die Szenerie. Dann dampft, kocht und brodelt es vom Gargano bis zum Salento in jedem Gäßchen, und die riesigen Kochtöpfe, in denen die dunkelroten Früchte in schier unglaublichen Mengen gekocht, passiert, mit Basilikum gewürzt und in Vorratsgläser abgefüllt werden, verströmen betörende Düfte. Auch die großen Tabletts, auf denen halbierte Tomaten in der noch immer unbarmherzig heißen Sonne tagelang getrocknet und anschließend unter Beigabe raffinierter Kräutermischungen in Öl eingelegt werden, sind um diese Jahreszeit allerorts zu sehen.

Göttliche Verführungen sind diese »divini amori« aus der Pasticceria Ascalone, die gerne auch als Nachtisch gereicht werden.

Dorado für Käseliebhaber Diese unglaublich intensiv schmeckenden **pomodori secchi** setzen das Tüpfelchen auf das i eines rustikalen Vorspeisentellers, auf dem sich neben pikanten Würsten ein Querschnitt durch die apulischen Käsesorten findet. Zum Standardrepertoire gehören Weichkäse wie **mozzarella** aus Büffel-, **mercia** aus Schafs-, und **caciocavallo** aus Kuhmilch. Weiter der etwas fettere **provolone** von Schaf, Ziege oder Kuh, den es auch als **provola affumicata** (geräuchert) oder als **burrata** (mit Mozzarella und Sahne gefüllt) gibt. Bei dem zumeist aus Schafmilch hergestellten Quark unterscheidet man prinzipiell drei Sorten: **ricotta fresca**, Frischquark, der auch bei Süßspeisen Verwendung finden kann, **ricotta salata**, gesalzener Quark, auch **cacioricotta** genannt, den man als Beigabe reicht oder in Reis- und Nudelgerichte mischt, und den abgelagerten, kräftig schmeckenden **ricotta forte**. Letzterer wird im lokalen Dialekt als **scant** bezeichnet und unter Zugabe von Salz und gemahlenem Paprika hergestellt. Einen Monat lang muß die Quarkmasse mit einem Holzspachtel täglich umgerührt werden, bis die rötliche Creme, die als Brotaufstrich, aber auch für Pizzen und Suppen Verwendung findet, das gewünschte Aroma hat.

Fleischeslust und Meeresfrüchte Das Weidevieh der Hochebenen liefert freilich nicht bloß Milch, sondern auch das bei den Apuliern durchaus beliebte Fleisch, wobei Schafe in der Gunst nach wie vor an erster Stelle rangieren. Ein typisches Gericht verbirgt sich hinter dem Namen **caldariello**, der eigentlich ein bauchiges Kochgeschirr bezeichnet. In diesem wird zartes, in Stücke zerteiltes Lamm mit Öl, Zwiebeln, Knoblauch, Petersilie, Schafmilch und wildem Fenchel

MERIAN-TIP

Höhlenzauber Auch wer seine romantische Ader bisher noch nicht entdeckt hat, in der **Grotta Palazzese** 40 km südlich von Bari wird er sie finden. In einer großzügig gewölbten, natürlichen Höhle hoch über dem Meer wetteifert der Kerzenschein des Restaurants mit dem Mondlicht auf dem Wasser. Tatsächlich läßt sich in ganz Apulien kaum ein stimmungsvolleres Ambiente für ein Festmahl finden, das ebenfalls keine Wünsche an lokale Spezialitäten aus Küche und Keller offen läßt. Polignano a Mare, Via Narcisio 59, Tel. 0 80/74 06 77, keine Ferien, keine Ruhetage, Obere Preisklasse (AE, DC, EC, Visa) ■ G 6

langsam gekocht. Wer **cutturidde** bestellt, wird zusammen mit Zwiebeln, Petersilie, Tomaten und Schafkäsestücken gekochtes Lamm auf den Teller bekommen, wer sich hingegen an **ragù del macellaio** versucht, erhält gleich vier Sorten Fleisch, und zwar vom Lamm, Schwein, Kalb und Rind. Besonders delikat sind auch die aus wilden Kaninchen – **coniglio** – zubereiteten Gerichte.

Daß in einer Region mit nahezu 800 Kilometern Küste an Meeresfrüchten kein Mangel herrscht, versteht sich eigentlich von selbst. Zwar haben Fische und Krustentiere mittlerweile auch im Süden gesalzene Preise, doch nach wie vor schüttet das seit Jahrtausenden ausgebeutete Meer sein Füllhorn in erstaunlicher Großzügigkeit aus. Was läßt sich nicht alles aus fangfrischen Muscheln und Krebsen, Garnelen, Polypen und Fischen zubereiten! Allein bei der Lektüre des Rezeptes für eine **orata alla pugliese** läuft einem bereits das Wasser im Mund zusammen: Sechs Personen werden von einer Goldbrasse mit etwa einem Kilogramm Gewicht spielend satt, wenn man ihr 50 Gramm geriebenen Schafkäse, sechs Kartoffeln, drei Knoblauchzehen, viel gehackte Petersilie, ein Glas Olivenöl und natürlich Salz und Pfeffer beigesellt. Der zwischen rohen Kartoffelscheiben, Zwiebelstücken und den anderen Zutaten eingebettete Fisch benötigt wenig mehr als eine halbe Stunde, um im Ofen zu garen. Oder wie wäre es mit einer **sogliola gratinata**: In einer Pfanne wird die mit Salz, Petersilie, Knoblauch und Oregano gewürzte und mit geriebenem Brot und Käse bedeckte Seezunge gebraten. In reichlich Olivenöl natürlich, womit das entscheidende Stichwort gefallen ist.

Vom Meer wild umtost: die Grotta Palazzese.

Das gelb-grüne Gold vom Baum: Apulisches Olivenöl ist eher kräftig im Geschmack.

Olivenöl und Wein Für jeden Italiener ist Öl keineswegs gleich Öl, sondern eine der essentiellen Fragen guten Geschmacks. Und dazu noch eine eigene Wissenschaft, ein Thema, das sich stundenlang erörtern läßt. Nicht weniger als die Hälfte des italienischen Olivenöls stammt aus Apulien, kein Wunder also, daß Fragen von Anbau, Ernte und Gewinnung für die Region mit dem Beinamen »la gran madre dell' olio« – »die große Mutter des Öls« – von zentraler Bedeutung sind. Vor allem, seit man vor einigen Jahren auch hier erkannt hat, daß die Qualität der Massenproduktion mit der Quantität Schritt halten muß. Mittlerweile kann es apulisches Öl mit dem Gütesiegel **olio extra vergine** (kalt gepreßtes Olivenöl aus frisch geernteten Früchten ohne chemische Zusätze) mit jeder Konkurrenz aufnehmen.

Nach dem italienischen Weinskandal in den achtziger Jahren, an dem Apulien an vorderster Front beteiligt war, machte auch in den Kellereien die Qualität wahre Quantensprünge. Immer mehr Winzer verweisen stolz auf die Auszeichnung **DOC** (**Vini d'Origine Controllata**), der sich ausschließlich Weine mit kontrollierter Ursprungsbezeichnung rühmen dürfen. Abgesehen von diesen Markenprodukten gilt heute apulischer Wein generell als »sauber und ehrlich«, ein Prädikat, das sich nicht zuletzt auf den trockenen Geschmack der meisten Rebsorten bezieht. Von den goldenen Weißweinen aus Locorotondo über die milden Rosé-Weine aus dem Salento bis zu den rubinfarbenen Rotweinen von Brindisi garantieren alle Genuß ohne (Kopfschmerzen-) Reue – sofern man nicht zu viel erwischt hat.

Restaurants sind bei den einzelnen Orten im Kapitel »Sehenswerte Orte und Ausflugsziele« beschrieben.

[redacted]

Die Preise beziehen sich jeweils auf ein Menü ohne Getränke, Gedeck und Trinkgeld (Steuern sind automatisch immer inklusive).
Luxusklasse ab 100 000 Lit.
Obere Preisklasse ab 70 000 Lit.
Mittlere Preisklasse ab 50 000 Lit.
Untere Preisklasse ab 20 000 Lit.

Kulinarisches und Keramik: Auf diesen einfachen Nenner lassen sich die idealen Urlaubsgeschenke bringen, die jedoch ganz schön ins Gewicht fallen können.

Schlaue reisen mit leichtem Gepäck, vor allem wenn sie fliegen. Denn nur so wird man einigermaßen alle Einkäufe unterbringen können, zu denen allein schon Apuliens Märkte, Vinotheken und Ölmühlen verführen. Nach einer 1999 in Italien durchgeführten Tourismus-Umfrage rangieren kulinarische Spezialitäten in der Gunst ausländischer Urlauber nur noch knapp hinter Textilien und Schuhen. Eine Marktchance, die sich die Landwirtschaft des Mezzogiorno nicht länger entgehen läßt.

Nach dem Motto, daß es ja nicht immer die Toskana sein muß, profilieren sich immer mehr apulische Bauern zu Öl-Spezialisten, indem sie vor allem auf die zwei besten lokalen Sorten setzen: Auf die »Coratina«-Olive, benannt nach dem Städtchen Corato unweit der Stauferburg Castel del Monte, und auf die »Cima di Bitonto«-Olive, die auch unter der Bezeichnung »Ogliarola« bekannt ist. Beiden Marken haften ein zarter Mandelgeschmack sowie ein zarter Kräuterduft an, zu dem sich mitunter ein leichtes Apfel- oder Artischocken-Aroma gesellen kann.

Die braun glasierten »Vasen von Grottaglie« sind das Markenzeichen des kleinen Städtchens.

Gewichtige Gaumenfreuden Am besten kauft man das goldgrüne Öl direkt beim Abfüller. Bei kleineren Mengen sollte man darauf achten, daß man dunkle Flaschen bekommt. Echte Olivenöl-Freaks hingegen, die nicht zuletzt deswegen mit dem eigenen Fahrzeug anreisen, erstehen die ölige Kostbarkeit gleich kanisterweise. Diese Plastikgebinde eignen sich allerdings lediglich für den Transport, daheim muß das Öl schleunigst in Glasbehälter umgefüllt und lichtgeschützt aufbewahrt werden. Dann hält es sich allerdings jahrelang, und nicht selten wandelt sich das anfänglich staubige Grün in klar schimmerndes Goldgelb. Angesichts der Preise, die Feinschmecker jenseits der Alpen inzwischen für irgendein **olio extra vergine** hinzublättern haben, erfreut das kaum halb so teure, schmackhafte apulische Olivenöl selbst dann noch, wenn die Urlaubsbräune längst verblaßt ist.

Ähnliches gilt für apulische Weine der Spitzenklasse, die man ebenfalls am günstigsten am Herstellungsort, also in einer der großen Winzergenossenschaften, den **cantine sociale**, erwirbt. Die größte und bekannteste ist jene von Locorotondo im Trulli-Gebiet, wo die Palette von Tafelweinen erster Güte bis zu einfachen Landweinen reicht. Die billigeren Tropfen können beim Transport jedoch einiges von ihrer Qualität verlieren, weshalb man den teureren, geprüften Marken unbedingt den Vorzug geben sollte.

Delikat Eingelegtes Kein Experte muß man beim Erwerb jener kulinarischen Köstlichkeiten sein, die sich unter dem Begriff Eingelegtes zusammenfassen lassen. In jedem besseren Lebensmittelladen oder Supermarkt finden sich typische Landesspezialitäten, von denen einige das regionale Gütesiegel **terra di Pùglia** tragen. Dieses Markenzeichen garantiert

MERIAN-TIP

Solist auf dem Weingut Mit der gemeinsamen internationalen Musikkarriere ist es seit der Trennung des Künstlerehepaares Al Bano Carrisi und Romina Power 1998 zwar vorbei, dafür startet der nunmehr allein im Salento residierende Sänger auch als Weinproduzent der Spitzenklasse voll durch. Auf seinem 110 ha großen Landgut »La Mea« am Stiefelabsatz, das Besuchern offensteht, gedeihen Qualitätsweine, die unter dem Gütesiegel **Libra – Cantine di Al Bano** in den Handel kommen, aber auch an Ort und Stelle verkauft werden. Libra Srl., Contrada Bosco, 72020 Cellino San Marco (Brindisi), Tel. 08 31/61 92 11, Fax 61 92 76 ■ I8

nicht nur einen streng kontrollierten biologischen Anbau, es bedeutet auch, daß alle Gemüse handgepflückt und innerhalb von vier Stunden nach der Ernte verarbeitet wurden. In hochwertigem Olivenöl eingelegt und mit Meersalz und würzigen Kräutern versetzt, kann man getrocknete Tomaten, in Streifen geschnittene Auberginen, gegrillte und gehäutete Paprikaschoten, Artischockenherzen und grüne oder schwarze Oliven erstehen. Sofort zugreifen sollte man bei dem begrenzten Angebot von **lampasconi**. Diese wilden, etwa 30 Zentimeter unter dem Boden wachsenden, leicht bitter schmekkenden Zwiebeln gelten in Italien als rare Delikatesse.

Boten des Sommers: sonnengetrocknete und eingelegte Tomaten.

Tönerne Verführungen Selbstbewußt reckt das kecke Federvieh seinen Schnabel dem Betrachter entgegen, und wenn der Hahn zum drittenmal kräht, ist es so weit: Spätestens dann sind alle guten Vorsätze, diesmal den Verführungen mediterraner Keramikläden zu widerstehen, vorbei und vergessen. Wohlgenährte Hähne zieren nämlich seit jeher das rustikale Geschirr im ländlichen Apulien. Mit seiner milchigweißen Farbe, der schlichte blaue oder gelbe Linien geschmackvolle Akzente setzen, erinnert es ein wenig an den Orient. Aber auch die glänzenden Lackfarben oder das tropfenförmig aufgebrachte Kupfergrün des exquisiten Tafelgeschirrs zählen eindeutig zu den Inspirationen aus dem Morgenland, dem uralten Handelspartner für die zerbrechliche Ware. Wer sich jedoch von Scherben nicht unbedingt Glück verspricht, greife am besten nach den dickwandigen Krügen, **rizzuli** oder **r'suli** genannt, die den Hauswein entsprechend kühl halten.

Ebenso robust, wenn auch für den privaten Transport vielleicht ein wenig zu groß geraten, sind die schlanken, gut einen Meter hohen Bodenvasen von Grottáglie, dem Hauptzentrum des Töpferhandwerks unweit von Tarent. Es läßt sich wohl kaum ein typischeres Souvenir als diese Amphoren vorstellen, die einzig und allein in dem von Olivenhainen umgebenen Keramikzentrum Apuliens hergestellt werden.

Das kinderfreundlichste Land

Europas ist Italien sicherlich. Trotzdem ist das Freizeitangebot für Kinder gerade in Apulien ein Stiefkind des Tourismus.

Selbst die großen Erlebnisparks rund um den Gardasee können nicht darüber hinwegtäuschen: In kaum einem anderen westeuropäischen Land wird weniger für Kinder getan als auf der Apenninenhalbinsel. Denn diese mittlerweile auch bei den Italienern ungemein populär gewordenen Einrichtungen verdanken ihre Entstehung einzig und allein dem Familientourismus im Norden des Landes. Im sonnenverwöhnten Süden hält sich bis heute bei den Fremdenverkehrsämtern hartnäckig die Meinung, daß die weitläufigen Meeresstrände allein genügend Unterhaltungsmöglichkeiten für jung und alt zu bieten haben.

Narrenfreiheit für die Kinder Diese Form der Ignoranz gegenüber den Kleinen hat freilich nichts mit mangelnder Kinderliebe zu tun, im Gegenteil. Je weiter südlich man ist, um so deutlicher wird dies. Doch äußert sie sich auf eine für Nordländer oft unverständliche Weise: Ob einfache Trattoria oder Nobelrestaurant, der Nachwuchs ist bis tief in die Nacht stets dabei und genießt in den Lokalen nahezu grenzenlose Narrenfreiheit. Für Kinderunterhaltung wird selten gesorgt.

Ein Bade-Spaß für Kinder jeden Alters: sich in die Wellen werfen, wie hier bei Vieste.

Jahrmarktstreiben Einzig und allein die Jahrmärkte, die anläßlich der jeweiligen Feste für die Ortsheiligen selbst in den kleinsten Dörfern stattfinden, bieten mit Ringelspielen und Karussells ein eigenes Kinderprogramm. Abgesehen davon finden sich noch vereinzelt mehr oder minder attraktive Wasserrutschen in einigen wenigen Hotelanlagen, doch damit erschöpft sich bereits das einschlägige Angebot. Bis auf weiteres kommen nur die Gäste in den rar gesäten internationalen Clubs wie dem Club Méditerranée bei Ótranto (→ S. 84) in den Genuß zufriedenstellender Kinderprogramme.

Für Wanderungen gilt ähnliches: Wie gern Süditaliener zu gewissen Festtagen wie Ostermontag oder am 1. Mai auch immer Picknicks veranstalten mögen, so absurd erscheint es ihnen, aus purem Vergnügen quer durch die Landschaft zu marschieren. Zwar fährt man mit Kind und Kegel gern »ins Grüne«, doch verzehrt man die mitgebrachte »pasta al forno« unmittelbar neben dem am Straßenrand geparkten Auto, bevor man sich im Schatten des nächsten Olivenbaumes zur Siesta begibt. Nur Urlauber aus dem Norden kommen auf die abstruse Idee, auf Schusters Rappen das »unbebaute Gebiet zwischen zwei Städten« erkunden zu wollen – mehr als das bedeutet »freie Natur« einem Südländer nämlich nicht. Jede als leicht eingestufte Wanderung ebenso wie alle einfachen Radtouren (→ S. 106) können auch Kindern zugemutet werden.

Zoo-Safari ■ G 6/G 7
Interessante Mischung aus exotischem Tierpark und Safari-Park.
Fasano
Via dello Zoosafari
Tel. 0 80/71 34 32 oder 71 44 55
Hochsommer 9.30–18, sonst 9.30–17 Uhr, Jan./Feb. geschl.

MERIAN-TIP

Eine Märchenwelt Für Erwachsene wie Kinder gleichermaßen eröffnet sich bei **Castellana Grotte** eine geheimnisvolle Welt in den schönsten und größten Tropfsteinhöhlen von ganz Italien. Täglich im Stundentakt Führungen, im Sommer von 9 bis 19.30 Uhr, im Winter von 9 bis 16 Uhr. Kurzer Rundgang: 1 km in 1 Stunde; langer Rundgang: 3 km in 2 Stunden. In der Hauptsaison ist mit langen Wartezeiten zu rechnen. Warme Kleidung empfehlenswert (ca. 15 Grad Celsius in 60 m Tiefe). ■ G 6

Die Traumstrände Italiens liegen an den Küsten des Gargano im Norden und des Salento im Süden. Aber auch sonst werden Freizeitaktivitäten kaum Grenzen gesetzt.

Ob mit Reiterstiefeln oder Wanderschuhen unterwegs, in Tennisdress, Badehose oder Taucheranzug, auf dem Fahrrad, Surfbrett oder Golfplatz – Apulien bietet zahlreiche Alternativen zum Dolce far niente am Strand und blauen Meer. Während die Reiter das ganze Jahr Saison haben, bevorzugen Wanderer und Radfahrer die milden Temperaturen im Frühjahr und Herbst. Auch der schöne Golfplatz nahe Tarent ist ganzjährig geöffnet.

Wassersportler kommen zwischen Juni und Oktober voll auf ihre Kosten, wenn die Meerestemperaturen angenehme 22 bis 26 Grad erreichen. Bootfahren, Segeln, Windsurfen und Tauchen stehen dann auf dem Freizeitprogramm. Dröhnende Motoren und heiße Kurvenduelle erlebt man auf der internationalen Profi-Kart-Rennbahn »Pista Salentina«, die auch von Laien benützt werden kann.

Ruder- und Tretboote sowie Kanus können in allen größeren Badeorten stundenweise gemietet werden. Wer angeln möchte, braucht eine gebührenpflichtige Genehmigung für Flüsse, Bäche und Seen. Im Meer dagegen kann jeder seine Angelschnur ins Wasser halten.

Für Radprofis gibt es keine Grenzen.

Golf

Die gepflegteste Anlage – 18 Loch – liegt in Castellaneta an der Grenze zur Basilica.

Golf Club Riva dei Tessali ■ F 7
Loc. Riva dei Tessali
74011 Castellaneta (TA)
Tel. 0 99/6 43 92 51
Di–So 8.30–12.30, 14–18 Uhr

Kart-Racing

Internationale Rennstrecke Pista Salentina ■ I 10
Via Ugo Giannuzzi 143
73059 Marina di Ugento (LE)
Tel. 08 33/93 13 11, Fax 93 19 44

Radfahren

Romantische Radlerstrecken – kleine, asphaltierte Nebenstraßen, flankiert von Olivenhainen hinter Natursteinmauern – findet man vor allem im Gebiet der Trulli. In Alberobello und Locorotondo gibt es mehrere Radverleihstellen, sonst auch in allen größeren Badeorten.

Reiten

Immer mehr Apulien-Urlauber finden ihr Glück auf dem Rücken der Pferde. Kaum eine andere Sportart hat derart an Popularität gewonnen wie das Reiten. Zahlreiche Bauernhöfe (**agriturismo**) bieten die Möglichkeit, sich in den Sattel zu schwingen.

Garzelli ■ G 7
Strada per Martina Franca Km 2
70015 Noci
Tel. 0 80/4 97 89 42

Masseria Refrigerio ■ H 7
Contrada Refrigerio
72017 Ostuni
Tel. 08 31/33 04 24, Fax 33 61 50

Modesti ■ E 5
Contrada Lama d'Ape
70037 Ruvo di Púglia
Tel. 0 80/9 50 17 88, Fax 9 50 17 99

Monte della Vecchia ■ G 6
Loc. Monte della Vecchia 10
70013 Castellana Grotte
Tel. 0 80/4 96 57 74, Fax 4 96 52 20

Parco Cimaglia ■ D 2
71019 Vieste Loc. Pian Piccolo
Tel./Fax 08 84/70 80 50

Il Vignaletto ■ G 7
Contrada Mingo di Tata 1/A
74015 Martina Franca
Tel./Fax 0 80/4 49 03 54

Segeln/Surfen

Seltener Segelboote, dafür aber fast immer Surfbretter werden in allen wichtigeren Badeorten verliehen. Auch Ferienclubs und größere Campingplätze halten für ihre Gäste Surfbretter bereit.

Tauchen

Die interessantesten Tauchgründe befinden sich am felsigen Gargano und an der salentinischen Küste zwischen Ótranto und Capo S. Maria di Léuca. Erfahrene Tauchlehrer beschäftigt unter anderem das

Diving Service ■ K 11
Via Trieste 5
73040 Torre Vado (LE)
Tel./Fax 08 33/74 36 85 bzw.
Tel. 08 33/71 14 39

Tennis

Sowohl die meisten Hotels ab Kategorie 4 Sterne als auch viele Betriebe des Agriturismo verfügen über eigene Tennisplätze, alle größeren Touristenorte auch über öffentliche Tennisanlagen.

Wandern

Wanderfreunden sei vor allem das 10 000 ha große Naturschutzgebiet des Nationalparks Foresta Umbra am Gargano empfohlen. Der uralte Mischwald wird von vielen gutmarkierten Wegen durchzogen und ist mit Picknickplätzen ausgestattet. Nähere Informationen erteilen der

WWF, Sektion »Jean Annot« ■ D 2
Postfach 1 29
71019 Vieste
Tel./Fax 08 34/70 83 14

bzw. die Nationalpark-Verwaltung
Parco Nazionale del Gargano
Piazza del Lago 2
c/o Provincia
71100 Foggia ■ B 3/C 3
Tel. 08 81/72 56 82

Strände

Trotz manch schlimmer Bausünden konnten sich die zwei Traumküsten Apuliens ihre Postkarten-Idylle weitgehend bewahren: der Gargano und die adriatische Seite des Salento.

Gargano
Während die Nordwestküste lange, flache Sandstrände mit eher langweiligem Hinterland aufweist, ist der felsige Abschnitt zwischen Rodi und Mattinata wild-romantisch mit bizarren Felsgebilden und Steilabfällen ins tiefblaue Meer. Dazwischen immer wieder bezaubernde Sandbuchten, die aber leider meist von Hotels oder Campinganlagen okkupiert und daher nicht öffentlich zugänglich sind.

Zwischen Manfredónia und Ótranto
Flache Felsküste, unterbrochen von langen Sandstränden. Baden nur in der unmittelbaren Nähe von Städten nicht zu empfehlen.

Salento zwischen Ótranto und Capo S. Maria di Léuca
Pittoreske Steilküste mit kleinen Sandbuchten und interessanten Grotten.

Salento zwischen Capo S. Maria di Léuca und Táranto
Flache Fels-, Kies- und Sandstrände, bedenkliche Wasserqualität vor Táranto.

MERIAN-TIP

Sport und Entspannung Einer der schönsten Reiterhöfe der Region findet sich in einem aus dem 18. Jh. stammenden landwirtschaftlichen Anwesen inmitten eines ausgedehnten Hains aus Oliven, Eichen, Pinien und Macchia-Sträuchern im Salento. Anfänger sind ebenso willkommen wie erfahrene Reiter, für die Ausflüge organisiert werden. Einfache, saubere Gästezimmer, Tennisplätze und ein Swimmingpool, Restaurant, Bar und Pizzeria ergänzen das Angebot. Der nächste Strand befindet sich 15 Autominuten entfernt. Masseria Appidé, 73025 Corigliano d'Ótranto (LE), Tel. 08 36/42 79 69, Fax 08 36/42 79 21 ■ K 9

Apulien feiert seine Feste, wie sie fallen: auf historischen Plätzen und in alten Gemäuern, zu Lande wie zu Wasser, zu Ehren von Heiligen oder aus purer Lebenslust.

Wer wollte, könnte sich beinahe tagtäglich in einem Volksfest ergehen, zumindest aber an jedem Wochenende. Kaum eine andere Region Italiens liebt es mehr, so fröhlich und ausgelassen zu feiern, wobei meist die Gedenktage lokaler Heiliger als Motivation dienen.

Stets geraten diese Feste zu einem wahren Spektakel, Hauptsache bunt und laut, von farbenprächtigen Umzügen durch reichgeschmückte Straßen bis zu nächtlichen Feuerwerken. Dazu wird herzhaft geschmaust und getrunken, ohne daß – wie bei vergleichbaren Veranstaltungen nördlich der Alpen – der Abend alkoholisch aus den Fugen gerät. Süditaliener wissen nämlich fast immer, wann sie genug haben.

Voll Witz und Phantasie feiert man – wie zum Beispiel in Putignano in der Provinz Bari – den Karneval mit aufwendig gestalteten Umzugswagen, während in der Karwoche mit ihren mystisch anmutenden Prozessionen echte Trauer getragen wird. Historische Ereignisse und Persönlichkeiten wie der Staufer Friedrich II. bieten ebenfalls Anlässe für Festivitäten und Umzüge. Man pflegt auch Festspiele jeder Art.

Das Fest des Heiligen Oronzo wird lautstark und fröhlich begangen.

Januar
Dreikönigstag
Die Umzüge finden statt in Massafra, Monópoli, Mesagne, Novoli und Lama.
6. Januar

Fest des hl. Ciro (Grottáglie)
Letzter So im Januar

Februar
Fasching
Karnevalsumzüge in Putignano, Gallípoli, Foggia, Manfredónia, Lecce, Fasano und Massafra.
Faschingssonntag bis -dienstag

März/April
Karwoche
Mysterien-Prozessionen in Bitonto, Molfetta, Monópoli und Táranto.
Gründonnerstag

Die eindrucksvollsten Prozessionen finden in Bari, Bitonto, Gióia del Colle, Gravina in Púglia, Molfetta, Trani, Lecce, Táranto und San Marco in Lamis statt.
Karfreitag

Fest des San Vito
In Polignano a Mare.
29. April

Mai
Tag der Arbeit
1. Mai

Fest des hl. Nikolaus von Bari
Umzüge in historischen Kostümen und Prozession auf dem Meer.
7.–10. Mai

Feste zu Ehren des Erzengel Michael
In Monte Sant' Angelo und Gravina in Púglia.
8. Mai; Wiederholungen am 29. September

Juni
Republikgründung
6. Juni

Festival Internazionale Città di Móttola
Konzerte, Meisterkurse und Kunstausstellungen.
In Móttola
1. Junihälfte

Tarantella-Tanz
Tanz bei der Kapelle SS. Pietro e Paolo.
In Galatina
29. Juni

Internationales Jazzfestival
In Foggia.
2. Junihälfte

Juli
Blues-Festival
Mehrtägiges internationales Blues-Festival (Brindisi).
Mitte Juli

Feier der Madonna delle Carmine
In Cerignola.
16. Juli

Disfida di Barletta
Nachstellung eines Kampfes aus dem 16. Jh. in historischen Kostümen.
In Barletta
3. Sonntag im Juli

Waldfeste
In der Foresta Umbra.
Letzte Juliwoche

August
Historischer Umzug
Umzug und Stadtviertel-Turnier zur Erinnerung an Friedrich II. (Ória).
1. Wochenende im August

Ferragosto
Mariä Himmelfahrt
15. August

Historischer Ritt des Sant'Oronzo
In Ostuni.
26. August

Schwertfisch-Fest
In Savelletri di Fasano.
Letzter So im August

September
Fest zu Ehren der Jungfrau Maria
In Molfetta
8. September

Historische Regatta auf dem Meer
In San Cesárea Terme.
11. September

An den Wochenenden diverse Winzerfeste unter anderem in Foggia, San Severo, Aradeo, San Ferdinando di Púglia.

Oktober
Feier der Jungfrau Maria
In Bitonto.
3. So im Oktober

November
Allerheiligen
1. November

Fest des San Trifone
In Adélfia
10. November

Dezember
Mariä Empfängnis
8. Dezember

Puppenmesse
In Lecce
13./14. Dezember

Krippenspiele
In Molfetta, Nardò, Castro Marina (Zinzulusa-Grotte).
24. Dezember

MERIAN-TIP

Musik liegt in der Luft Im internationalen europäischen Festspielkalender nimmt das **Festival della Valle d'Itria** in Martina Franca einen prominenten Rang ein. Zwischen Mitte Juli und Mitte August finden im Hof des Herzogpalastes sowie in einigen Kirchen vielbeachtete Aufführungen italienischer Opern mit namhaften Sängern sowie Konzerte bekannter Solisten und Ensembles aus aller Welt statt. Information und Kartenbestellungen: Centro Artistico Musicale Paolo Grassi, 74015 Martina Franca (TA), Palazzo Ducale, Tel. 0 80/4 80 51 00, Fax 4 80 51 20 ■ G 7

Das Kernland Apuliens, so kann man die Provinz Bari bezeichnen mit ihren geschichtsträchtigen Küstenstädten und ihrer quirligen Regionalhauptstadt Bari.

Das historische und geographische Zentrum Apuliens, »**Terra di Bari**« genannt, erstreckt sich an der Küste von Barletta bis Monópoli und im Hinterland von Gióia del Colle über Altamura bis Gravina in Púglia und Canosa. Die »Erde von Bari« umfaßt den größten Teil der mächtigen Kalktafeln der Murge, einer Hochebene, die treppenförmig zur Adria abfällt. In dieser herben, sonnendurchglühten Landschaft errichteten die Normannen innerhalb unfaßbar kurzer Zeit die prachtvollsten Kathedralen und Kirchen. Nahezu jedes Städtchen kann sich eines bald tausendjährigen Erbteiles aus jener glanzvollen Epoche rühmen, in der Apulien als Teil des »Königreiches Sizilien« vom Rand des Geschehens in den Mittelpunkt europäischer Interessen gerückt war.

Auch in der Hauptstadt der **Provinz Bari** trifft man auf Schritt und Tritt auf die Zeugen jener vergangenen Zeit, aber auch auf eine sehr lebhafte und moderne Szene. Bari ist mit seinen 350 000 Einwohnern der verwaltungspolitische Mittelpunkt der Region.

Eine Postkartenidylle und der rechte Ort, um die Seele baumeln zu lassen: Polignano a Mare liegt auf zerklüftetem Felsen hoch über dem Meer.

Altamura

E 6

58 000 Einwohner

Die großen Tourismusströme fließen an dem sympathischen Städtchen, das heute eine Schnellstraße mit dem 37 km entfernten Bari verbindet, vorbei. Individualtouristen auf der Suche nach dem Ursprünglichen hingegen sind in dem Ort der »alta mura«, der »hohen Mauer«, gut aufgehoben, auch wenn von der Befestigung aus dem 5. Jh. v. Chr. bloß noch Reste vorhanden sind. Besiedelt war der Platz auf einem flachen Hügel der Murge bereits in der Steinzeit, Bedeutung erlangte die Stadt jedoch erst unter Friedrich II. Er gründete sie im 13. Jh. quasi neu, indem er Süditaliener griechischer und jüdischer Herkunft hier ansiedelte. Bis heute hat sich der mittelalterliche Stadtplan mit dem kreisförmig umschlossenen Zentrum erhalten.

Hotels/andere Unterkünfte

San Nicola
Elegantes und komfortables Hotel in einem vom Keller bis zum Dachboden modernisierten Palazzo aus dem 18. Jh. Dach-Restaurant »L'Artusi« und Piano-Bar.
Via Luca De Samuele Cagnazzi 29
Tel. 0 80/3 10 51 99, Fax 3 14 47 52
27 Zimmer
Mittlere/Obere Preisklasse (AE, DC, EC, Visa)

Svevia
Intimes Haus inmitten eines hübschen Pinienwäldchens, modern möbliert, gute Küche.
Via Matera 2/A
Tel. 0 80/3 11 17 42, Fax 3 11 26 77
25 Zimmer
Untere/Mittlere Preisklasse (AE, DC, EC, Visa)

Sehenswertes

Cattedrale
Ein romanisch-gotischer Kirchenbau mit Löwen-Portal, schöner Fensterrose und barockisiertem Inneren, aus kunsthistorischer Sicht interessant, aber kein Spitzenwerk der Epoche. Historisch gesehen aber stellt der Dom von Altamura etwas ganz Besonderes dar: Er ist der einzige Kirchenbau Friedrichs in Apulien.

Essen und Trinken

Caffè Striccoli
Seit dem 19. Jh. hüten die Besitzer dieser Café-Konditorei das Geheimnis um die Herstellung des »Padre Peppe«, eines Digestifs mit Nußgeschmack.
Corso Federico II. di Svevia 78
Wechselnde Ruhetage

Corso
Gehobenes Restaurant mit bodenständiger Küche – Fisch und Fleischgerichte.
Corso Federico II. di Svevia 76
Tel. 0 80/84 14 53
Mi und 3 Wochen im Juli geschl.
Mittlere Preisklasse (AE, DC, EC, Visa)

Einkaufen

Nicoletta Cicirelli
In diesem Kunsthandwerksladen findet man Puppen aller Größen.
Via Molise 46

Service

Auskunft

Pro Loco
Piazza Repubblica 11
70022 Altamura (BA)
Tel. 0 80/84 39 30

Andria

D 4/D 5

100 000 Einwohner

Friedrich II. liebte Andria aus gutem Grund ganz besonders: Während viele andere Städte während seines Kreuzzuges ins Heilige Land von ihm abgefallen waren, hielten die Andreser unverbrüchlich zu ihm. Davon kündet eine Inschrift auf dem barockisierten Stadttor Porta Sant'Andrea. Alles andere als pietätvoll ging das »treue Andria« allerdings gleich mit zwei Ehefrauen des Stauferkaisers um: Die sterblichen Überreste der Kaisergemahlinnen Jolanda von Brienne und Isabella von England ruhen nur notdürftig verscharrt in der Krypta der Kathedrale.

Hotels/andere Unterkünfte

Agriturismo Iacoviello Antonino
Bauernhof mit einfach eingerichteten Zimmern, Pferdestall und Restaurant. Auf 47 000 qm werden Obst, Gemüse und Wein angebaut.
Contrada Lamacaminata
Tel. Handy 03 30/35 53 54
10 Zimmer
Untere Preisklasse (keine Kreditkarten)

L'Ottagono
Elegantes Hotel mit großem Garten und angeschlossenem Tennis- und Fußballplatz.
Via Barletta SS 170 bei Km 20 100
Tel. 08 83/55 78 88, Fax 55 60 98
25 Zimmer
Mittlere Preisklasse (AE, DC, EC, Visa)

Sehenswertes

Cattedrale Santa Maria Assunta
Von dem im 12. Jh. errichteten, im 15. Jh. umgestalteten und im 19. Jh. erneuerten Bau blieb nur der Campanile aus dem 12. bis 14. Jh. und die Krypta aus dem 9. bis 10. Jh. in seiner ursprünglichen Form erhalten. In der verstaubten Krypta mit den Kaiserinnen-Gräbern kann man das Gruseln lernen.

Palazzo Ducale
Wie ein Paradiesvogel unter Spatzen nimmt sich der feudale barocke Herzogpalast (18. Jh.) im Zentrum des bescheidenen Landstädtchens aus.

Essen und Trinken

Arco Marchese
Produkte einer ideenreichen Küche werden in diesem hervorragenden Restaurant im historischen Zentrum der Stadt serviert.
Via Arco Marchese 1
Tel. 08 83/55 78 26
Di und im Aug. geschl.
Mittlere Preisklasse (DC, Visa)

Einkaufen

Confetteria Mucci
Seit 1894 erzeugt die Familie Mucci Konfekt vom Feinsten – ein Paradies für alle Naschkatzen.
Via Giammarrota 10

Pellegrino
Unter dem Namen »La Spineta« produziert und verkauft der landwirtschaftliche Betrieb der Familie Pellegrino ein mehrfach preisgekröntes Olivenöl.
Contrada La Spineta

Service

Auskunft

Pro Loco, Ufficio informazioni
Municipio
Piazza Umberto I
70031 Andria
Tel. 08 83/29 02 70

Bari ■ F 5

350 000 Einwohner
Stadtplan → S. 38/39

Zugegeben, in der geradezu vorbildlich restaurierten **Altstadt** versammeln sich die wesentlichen Sehenswürdigkeiten der Hauptstadt Apuliens auf kleinstem Raum. Doch seit der in den achtziger Jahren in großem Stil durchgeführten Sanierung und der damit verbundenen Umsiedlung der zumeist ärmlichen Bewohner will es mit dem geplanten Zuzug finanzkräftiger Bevölkerungsschichten nicht so recht klappen. Die Rechnung der Großspekulanten, die sich von einer Revitalisierung Mieteinnahmen in astronomischen Höhen versprochen hatten, ging nicht auf.

Wer will schon in einem »Museumsquartier«, ohne kleine Bäckereien, Gemüseläden und Metzgereien, wohnen? Sobald die Kathedralen und Kirchen schließen, senkt sich eine für den Süden ungewohnte Stille über die verwinkelten Gassen. Das wahre Leben spielt sich erst jenseits des breiten Corso Vittorio Emanuele II. ab, der Trennlinie zwischen der auf einer Halbinsel situierten Altstadt und der zu Beginn des 19. Jh. mit einem rechtwinkeligen Straßensystem angelegten **Neustadt**. Dort befinden sich unter anderem das 1903 fertiggestellte, 1991 total ausgebrannte und seither auf unabsehbare Zeit geschlossene **Teatro Petruzzelli**, mit 4000 Plätzen einst eines der bedeutendsten Opernhäuser Italiens, sowie das interessante **Archäologische Museum** mit Fundstücken aus ganz Apulien.

Die 1925 gegründete und zum Teil im dekorativen **Palazzo dell' Ateneo** (1887) untergebrachte Universität wurde im wahrsten Sinn des Wortes zu Baris Jungbrunnen. Die Studenten der nunmehr mit Lecce zusammengeschlossenen Hochschule sorgen für frischen Wind, sei es ganz allgemein im Straßenbild der eleganten Geschäftsviertel, sei es mit einer Fülle preiswerter Läden und Lokale auf Schritt und Tritt, in denen man ganz sicher nicht auf Touristengruppen trifft. Jenseits der Bahnlinie und dem Hauptbahnhof befindet sich der jüngste – und gänzlich uninteressante – Teil der uralten Handelsmetropole, der nach Triest und Venedig drittgrößten Hafenstadt an der Adria.

Hotels/andere Unterkünfte

Leon d'Oro ■ d 6
Komfortables Stadthotel in Bahnhofsnähe mit Lärmschutzfenstern und Klimaanlage, vom italienischen Automobilclub TCI empfohlen.
Piazza Aldo Moro 4
Tel. 0 80/5 23 50 40, Fax 5 21 15 55
91 Zimmer, 4 Suiten
Mittlere Preisklasse (AE, DC, EC, Visa)

Orchidea ■ c 6
Klassische Frühstückspension mit familiärer, freundlicher Atmosphäre, wenige Schritte vom Bahnhof entfernt.
Via Giulio Petroni 11
Tel. 0 80/5 42 19 37, Fax 5 42 69 43
27 Zimmer
Untere Preisklasse (EC, Visa)

Palace Hotel ■ c 4
Eines der traditionsreichsten und führenden Häuser Italiens, an der Grenze zwischen Alt- und Neustadt gelegen. 1994 als »Hotel des Jahres« ausgezeichnet. Hervorragendes Restaurant (»Murat«) im obersten Stockwerk mit prächtiger Aussicht über die Stadt.
Via Lombardi 13
Tel. 0 80/5 21 65 51, Fax 5 21 14 99
200 Zimmer
Obere Preisklasse (AE, DC, EC, Visa)

Spaziergang mit Laufrichtung
Sehenswürdigkeit, öffentl. Gebäude
Kirche
Information
Parkmöglichkeit
Hotel
Essen und Trinken
Museum
Theater
Post
Leuchtturm
Schiffsanleger
Busbahnhof
Bahnhof
© MERIAN-Kartographie
Mare Adriatico
Porto Nuovo
Corfu, Dubrovnik, Ancona
Nuovo Molo Foraneo
Vecchio Molo Foraneo
Capitaneria di Porto
Molo di Ridosso
Molo S. Vito
Staz. Marittima
Molo Pizzoli
Stazione Marittima
Ple. C. Colombo
Lungomare
Imp. Augusto
Corso Antonio de Tullio
Corso Vittorio Veneto
Città Vecchia
S. Scolastica
Pza. S. Pietro
S. Gregorio
Basilica San Nicola
S. Marco
Cattedrale
Castello Svevo, Museo della Gipsoteca
a
b
c
d
e
f
1
2
3

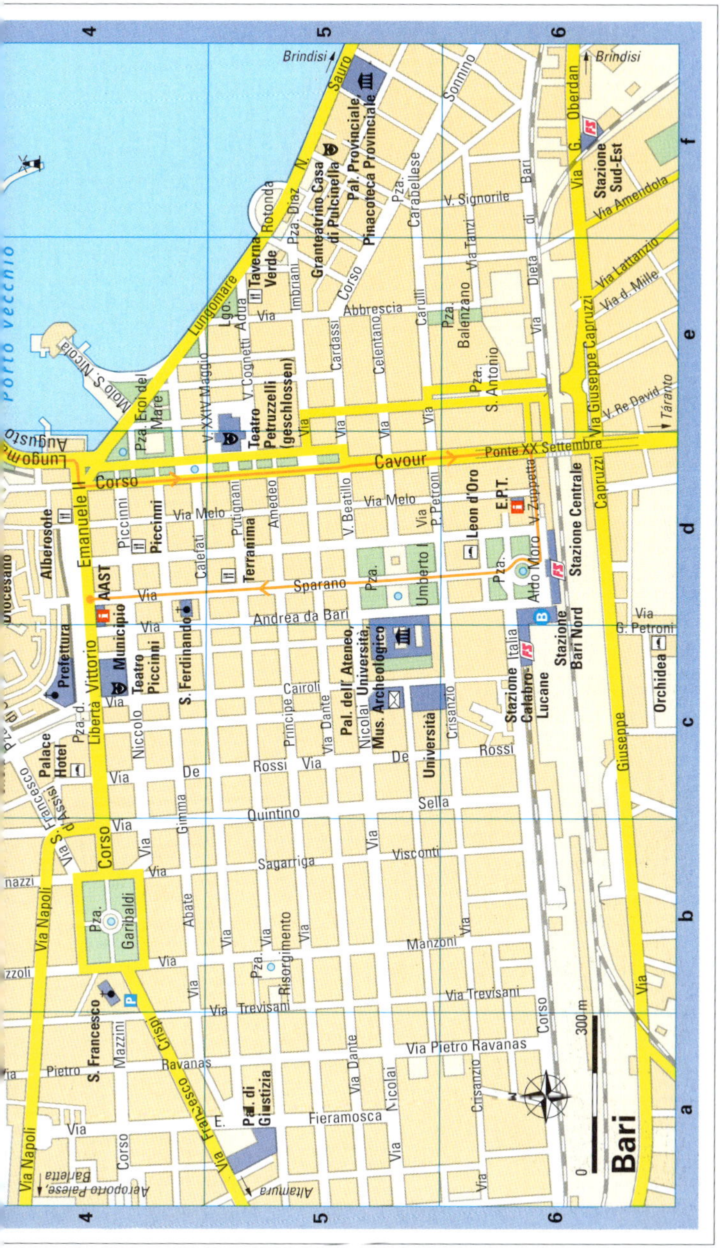
Bari
Porto vecchio
Molo S. Nicola
Lungomare Augusto
Lungomare N. Sauro
Brindisi
Táranto
Aeroporto Palese, Barletta
Altamura
Prefettura
Alberosole
Palace Hotel
Pza. d. Libertà
Municipio
AAST
Teatro Piccinni
Piccinni
S. Ferdinando
Terranima
Corso Vittorio Emanuele II
Corso Cavour
Pza. Eroi del Mare
Teatro Petruzzelli (geschlossen)
Taverna Verde
Lgo. Adua
Rotonda
Pza. Diaz
Granteatrino Casa di Pulcinella
Pal. Provinciale, Pinacoteca Provinciale
Pza. Carabellese
Via Sparano
Via Andrea da Bari
Pza. Umberto I
Pal. dell' Ateneo, Università, Mus. Archeologico
Università
Pza. Aldo Moro
Leon d'Oro
E.P.T.
Stazione Italia Calabro-Lucane
Stazione Bari Nord
Stazione Centrale
Ponte XX Settembre
Stazione Sud-Est
Via G. Oberdan
Via Giuseppe Capruzzi
Via Amendola
Via Lattanzio
Via d. Mille
V. Re David
Via G. Petroni
Orchidea
Pza. S. Antonio
Pza. Balenzano
Via Dieta di Bari
V. Signorile
Via Tanzi
Sonnino
Pza. Garibaldi
S. Francesco
Pal. di Giustizia
Pza. Risorgimento
Via Napoli
Via Francesco Crispi
Via Pietro Ravanas
Via Trevisani
Via Manzoni
Via Sagarriga Visconti
Via Quintino Sella
Via De Rossi
Via Crisanzio
Via Nicolai
Via Dante
Via Cairoli
Via Principe Amedeo
Via Melo
Via Calefati
Via Putignani
Via Abate Gimma
Via Niccolò Piccinni
Via Cardassi
Via Celentano
Via Carulli
Via Abbrescia
Via Imbriani
V. Cognetti
Via XXIV Maggio
V. Zuppetta
Via Fieramosca
Corso Mazzini
Via Beatillo
Via Putignani
0 300 m
4 5 6
a b c d e f

Spaziergang

Eine Warnung bei einem Bummel durch die Altstadt vorweg: Auf der Halbinsel lauern mehr Straßenräuber als anderswo, um leichtfertigen Touristen Handtaschen und Kameras wegzureißen. Eine Umrundung des historischen Kerns, der in seinen Grundmauern auf das 2. Jh. v. Chr. zurückgeht, beginnt am **Corso Vittorio Veneto** beim byzantinisch-normannischen Kastell, heute der Sitz der Denkmalbehörde und Schauplatz von Ausstellungen. In weiterer Fortsetzung nennt sich die Promenade an der Westseite des Neuen Hafens (**Porto Nuovo**) Corso Antonio de Tullio und nach dem Piazzale Cristoforo Colombo an der Spitze Lungomare Imperatore Augusto. Dazwischen liegt ein verwinkeltes Gassengewirr mit kleinen Plätzen, der großartigen Kathedrale und nicht minder beeindruckenden Kirchen.

Von dort geht es weiter in die **Neustadt**. Hauptverkehrsstraße ist der am Alten Hafen (**Porto Vecchio**) rechtwinkelig vom Corso Vittorio Emanuele II abzweigende **Corso Cavour**, gesäumt von Prachtbauten des 19. Jh. mit eleganten Läden, Banken und Restaurants. Etwa in der Mitte stößt dieser wiederum im rechten Winkel auf die **Via Nicolai**, die zum Universitätsviertel mit dem Archäologischen Museum führt. In schnurgerader Fortsetzung endet der Corso Cavour an der Via Giuseppe Capruzzi unmittelbar hinter der Bahnlinie, die gemeinsam mit der dazu parallel verlaufenden Via Dieta di Bari die Grenze zum modernen Teil mit seinen gesichtslosen Wohnvierteln bildet. Von dort ist es nicht mehr weit bis zum Bahnhof **Stazione Bari Nord**, an der Piazza Aldo Moro (auf alten Karten noch Piazza Roma).

Einen kleinen Einkaufsbummel kann man auf dem Weg zurück machen. Die Via Sparano ist die Einkaufs- und Nobelstraße schlechthin und die eigentliche Lebensader Baris. Sie führt in Richtung Altstadt zurück.

In den Gassen des Viertels San Nicolai von Bari kann man gut herumstöbern.

Sehenswertes

Basilica San Nicola d 3
Mit dem Bau der »Mutterkirche« sämtlicher Normannen-Kathedralen Apuliens wurde unmittelbar nach der »Ankunft« von Baris Schutzpatron, dem hl. Nikolaus von Myra, 1087 begonnen. Tollkühne Baresen hatten die Gebeine des im 4. Jh. in Kleinasien gestorbenen Märtyrers aus einem schwerbewachten griechischen Kloster geraubt. Der Grund: Mit einem Heiligen dieses Kalibers erwarb sich im Mittelalter eine Stadt Privilegien, die pures Geld bedeuteten. In über 100 Jahren (1087–1189) wurde die dreischiffige Basilika mit der Krypta, in der seither die Reliquien von San Nicola ruhen, fertiggestellt.

Castello Svevo c 3/c 4
Ursprünglich eine byzantinisch-normannische Festung, von Friedrich II 1240 grundlegend umgestaltet und in der Renaissance mit Eckbastionen und neuen Fassaden versehen. Im 16. Jh. diente der Wehrbau vorübergehend als repräsentativer Wohnsitz, unter den Bourbonen wurde er als Gefängnis und Kaserne genutzt. Heute beherbergt das Kastell nicht nur die Denkmalbehörde, sondern auch eine »Gipsoteca« (→ S. 41).
Di–Sa 9–13 und 16–19, So und an Feiertagen 9–13 Uhr

Cattedrale San Sabino d 3
Dank vorbildlicher Restaurierungen kann man den Dom von Bari, ein Hauptwerk der apulischen Romanik heute wieder in seinem Originalzustand bewundern. Wunderschön ist die steinerne Rosette an der dreigeteilten Fassade, beachtenswert die sog. »Trulla«, ursprünglich das Baptisterium, heute die Sakristei.

Museen

Museo Archeologico c 5/d 5
Das 1875 gegründete und 1957 erweiterte Archäologische Museum zeigt einen Querschnitt durch die Frühgeschichte Apuliens. Vorübergehend geschl.
Piazza Umberto I.

Museo della Gipsoteca c 3/c 4
Einen Anschauungsunterricht besonderer Art bietet das im Kastell untergebrachte Gipsmuseum: Fassadenschmuck und Skulpturen apulischer Gotteshäuser, von denen man viele Details aufgrund von Höhe und Distanz kaum erkennen kann, sind hier als Gipsnachbildungen aus nächster Nähe zu sehen.
Piazza Federico II. di Svevia
Di–Sa 9–13 und 15.30–19.30., So und an Feiertagen 9–13 Uhr,
Mo geschl.

Essen und Trinken

Alberosole d 4
Hervorragende mediterrane Küche, leicht und kreativ, beeindruckende Weinkarte – eines der besten Restaurants der Stadt.
Corso Vittorio Emanuele II 13
Tel. 0 80/5 23 54 46
Mo und Jan. und Aug. geschl.
Obere Preisklasse (AE, DC, EC, Visa)

Da Nicola
Jahreszeit und Markt bestimmen die Speisekarte von Anna Roppo, der Chefin dieses hübschen Restaurants am kleinen Hafen von Torre a Mare (13 km außerhalb von Bari).
Via Principe di Piemonte 3
70045 Torre a Mare (BA) F 5
Tel. 0 80/5 43 00 43
Mo und Mitte Dez.–Mitte Jan. geschl.
Mittlere Preisklasse (AE, DC, EC, Visa)

Piccinni ■ d 4
Elegantes Lokal mit klassischer süditalienischer Küche und bestens sortiertem Weinkeller. Auch wegen seiner zentralen Neustadt-Lage beliebter Treffpunkt der Baresen.
Via Niccolo Piccinni 28
Tel. 0 80/5 21 12 27
So und Mitte Aug. geschl.
Mittlere/Obere Preisklasse (AE, DC, EC, Visa)

Taverna Verde ■ e 5
Traditionslokal in einem der schönsten Paläste der Altstadt. Apulische Küche mit frischen Produkten.
Largo Adua 18
Tel. 0 80/5 54 08 70
So und im Aug. geschl.
Untere Preisklasse
(keine Kreditkarten)

Terranima ■ d 5
Rustikale apulische Trattoria inmitten der Altstadt. Beste lokale Küche, regionale Weine. Nicht versäumen: »orecchiette« mit Meeresfrüchten!
Via Putignani 213
Tel. 0 80/5 21 97 25
So und im Aug. geschl.
Untere Preisklasse (AE, DC, EC, Visa)

Einkaufen

Maminou ■ e 5
Exklusiver Laden für Handtaschen und Hüte, handgemachte Modelle.
Via Abbrescia 101

Santa Croce & Sant' Aloja ■ d 4
Stadtgeschäft des gleichnamigen Landgutes der Familie Sinesi; Spezialitäten, erlesenes Olivenöl.
Corso Vittorio Emanuele II 10

Traversa ■ d 4
Traditionsladen für Korbwaren, Terrakotta und Krimskrams.
Strada Vallisa 21

Am Abend

Curaçao ■ c 4
An vielen Abenden Live-Musik: Blues und Rock. Aug. geschl.
Corso Vittorio Emanuele II 140

Granteatrino Casa di Pulcinella ■ f 5
Paolo und seine Marionetten sind in der ganzen Welt berühmt.
Via Petroni 16/5
Tel. 0 80/5 56 44 63, 5 56 98 38

MERIAN-TIP

Nikolaus im Mai Eine spektakuläre Regatta mit alten Schiffen und eine farbenprächtige Parade mit 300 Teilnehmern in historischen Kostümen bilden den Höhepunkt der mehrtägigen Feierlichkeiten zur Erinnerung an die Ankunft der Gebeine des hl. Nikolaus in Bari. Die »Festa patronale di S. Nicola« findet alljährlich zwischen 7. und 10. Mai statt. Das genaue Programm erfährt man im städtischen Tourismusbüro AAST (→ S. 43). ■ d 4

Il Cremino ■ d 6
Super-Eissalon mit mehr als 70 verschiedenen Sorten.
Viale Unità d'Italia 11

La Champagnerie ■ c 5/d 5
Elegantes Nachtlokal in schönstem Jugendstil-Ambiente.
Via A. da Bari 99

Reiff ■ e 5
Cocktail-Bar mit Live-Jazzmusik in der Neustadt. Largo Adua

Service

Auskunft

Städtisches Tourismusbüro AAST ■ d 4
Corso Vittorio Emanuele II 68
70122 Bari
Tel. 0 80/5 21 99 51, Fax 5 23 51 86

Barletta ■ D 4

90 000 Einwohner

Ist er es oder ist er es nun doch nicht? Diese Frage bewegt wohl jeden, der vor der weltberühmten Büste steht, die – angeblich – Friedrich II. darstellt. Alle paar Jahre ändern die Experten ihre Meinung. Derzeit heißt es jedenfalls, das Glanzstück des **Museo Civico** zeige einen Unbekannten und nicht den Stauferkaiser. Wie auch immer, ein Besuch des im Kastell untergebrachten Museums lohnt auf jeden Fall.

Hotels/andere Unterkünfte

Itaca
Oase der Ruhe in einem schattigen Park, moderne, bequeme Zimmer.
Viale Regina Elena 30
Tel. 08 83/34 77 41, Fax 34 77 86
27 Zimmer
Mittlere Preisklasse (AE, DC, EC, Visa)

Die Kathedrale Santa Maria Maggiore ist auch als Hochzeitskirche beliebt.

Sehenswertes

Castello
Von Friedrich II. ausgebaute Normannenfestung, die 1985/1986 dem italienischen Regisseur Franco Zeffirelli als Drehort für die Verfilmung der Verdi-Oper »Othello« diente.

Cattedrale Santa Maria Maggiore
Baubeginn 1150 im apulisch-romanischen Stil, 1267 eingeweiht, ab 1307 um gotische Formen bereichert. Die oberen Teile des 54 m hohen Campanile mußten nach dem Erdbeben von 1743 erneuert werden, sonst ist alles Mittelalter pur.

Chiesa Santo Sepolcro/Il Colosso
Für das romanische Kirchlein an einer verkehrsumtobten Straßenecke interessieren sich die wenigsten, wohl aber für die Statue davor: Das 5,11 m hohe, spätantike bronzene

Standbild aus dem 4. Jh. n. Chr., das einen oströmischen Kaiser – wahrscheinlich Valentinian I. – darstellen soll, ist als **»Koloß von Barletta«** bekannt. Daß die Figur etwas unproportioniert wirkt, hat seinen Grund: 1305 schmolzen Dominikaner-Mönche mit Erlaubnis des Königs die Gliedmaßen zu einer Glocke um, erst 1491 erhielt der Torso wieder Arme und Beine. Seither steht er trotz seiner imposanten Größe etwas verloren wirkend an dieser Stelle.

Museen

Museo Civico e Pinacoteca Giuseppe De Nittis
Hauptattraktion des 1929 gegründeten Museums, das im Stauferkastell stilvoll untergebracht wurde, ist und bleibt die »Friedrich-Büste«. Abgesehen von Darstellungen auf Münzen gibt es von Friedrich II. nämlich kein einziges authentisches Porträt. Vermutlich handelt es sich bei dem Bildwerk, das einen älteren, bartlosen Mann mit einem Blätterkranz auf dem Haupt zeigt, um den römischen Kaiser Augustus. Kugelspuren an Mund und Nase zeigen, daß der Marmorkopf irgendwann einmal als Zielscheibe gedient hatte.

Die Pinakothek zeigt zudem eine interessante Gemäldesammlung neapolitanischer Meister aus dem 17. und 18. Jh.
Piazza Castello
Di–So 9–13 und 15–19 Uhr,
Mo geschl.

Essen und Trinken

Antica Cucina
Vom Entrée bis zu den Nachspeisen – eine perfekte Meeresküche, liebe- und stilvoll serviert.
Via Milano 73
Tel. 08 83/52 17 18
So und an Feiertagen abends,
Mo und Juli geschl.
Obere Preisklasse (AE, DC, EC, Visa)

Il Brigantino
Klassische apulische Küche. Das Restaurant ist Teil einer eleganten Badeanstalt mit Bar, Pool und Tennisplätzen.
Viale Regina Elena 19
Tel. 08 83/53 33 45
Obere Preisklasse (AE, DC, EC, Visa)

Service

Auskunft

AAST
Via F. d'Aragona 95
70051 Barletta
Tel. 0 88/53 15 55

Ziel in der Umgebung

Canne della Battaglia D 4
15 km vom westlichen Stadtrand Barlettas entfernt befindet sich eine der berühmtesten Stätten der römischen Geschichte: Canne della Battaglia. Wo sich heute das Ruinenfeld eines antiken Städtchens ausdehnt, soll 216 v. Chr. der Karthager Hannibal das Heer der Römer vernichtend geschlagen haben. Als unbesiegbarer punischer Kriegsheld erteilte er einer übermächtig erscheinenden Römerlegion eine Lektion, die in alle Geschichtsbücher eingehen sollte. Da man von den 70 000 gefallenen Soldaten bisher jedoch weder Knochen noch Waffen finden konnte, zweifeln viele Historiker daran. Möglicherweise lag der Schauplatz der historischen Schlacht 100 km nordwestlich, und zwar bei der Ortschaft Castelluccio Valmaggiore unweit von Troia.

Biscéglie

E 4

50 000 Einwohner

Von der bewegten Geschichte des hübschen Seebades zwischen Molfetta und Trani künden noch die weithin sichtbaren Überreste eines seit dem 16. Jh. verfallenen Normannenkastells sowie eine Reihe interessanter Gotteshäuser.

Hotels/andere Unterkünfte

Salsello
Elegantes Hotel am Meer mit Pool und schönem Garten.
Via Siciliani 31
Tel. 0 80/3 95 59 53, Fax 3 95 59 51
52 Zimmer
Mittlere/Obere Preisklasse (AE, DC, EC, Visa)

Villa
Komfortables, jüngst renoviertes Gartenhaus in Meernähe. Regionale Küche im angeschlossenen Restaurant »Villa dei Fiori«.
SS 16 bei Km 765
47 Zimmer
Untere/Mittlere Preisklasse (AE, DC, EC, Visa)

Sehenswertes

Cattedrale SS. Pietro e Paolo
Das 1073 gegründete Gotteshaus erfuhr im 13. Jh. eine grundlegende Umgestaltung. Dekorativ ist der von Säulen getragene Baldachin über dem Portal.

Chiesa Sant' Adoeno
Die im 11. Jh. errichtete Kirche trägt den Namen des Schutzpatrons der normannischen Ritter: Adoenus Dado, im 7. Jh. Bischof von Rouen. Eine Statue des Heiligen befindet sich über dem Rosettenfenster der Fassade.

Chiesa Santa Margherita
Mit ihrem rechteckigen Grundriß, über dem sich eine Mittelkuppel wölbt, gehört der romanische Bau zu den wenigen Einkuppel-Kirchen in Apulien.

Museen

Museo Civico Archeologico
Die erst seit 1975 präsentierte Sammlung zeigt Beeindruckendes von der Altsteinzeit bis zur Eisenzeit sowie 40 000 Jahre alte Funde aus der Grotta di Croce.
Via Frisari 5
Di, Do 9–13 und 16–18; Mi, Fr 9–13, im Sommer auch Sa, So 18–20.30 Uhr, Mo geschl.

Essen und Trinken

La Vetta dei Divi
Traditionelle Küche mit individuellem Pfiff. Restaurant ist Teil einer eleganten Badeanlage, die auch eine abendliche Diskothek umfaßt.
Viale Ponte Lama 3
Tel. 0 80/3 98 00 33
Di und im Nov. geschl.
Mittlere Preisklasse (AE, DC, EC, Visa)

Einkaufen

Galantino
Mit feinsten Olivenölen eigener Produktion hat sich die Firma Galantino seit Jahrzehnten international einen Namen gemacht
Via V. Corato 2

Service

Auskunft

Pro Loco
Via Veneto 10/7
70052 Biscéglie (BA)
Tel. 0 80/8 76 80 84

Ziel in der Umgebung

Dolmen von Biscéglie ■ E 5
Wer der Landstraße Richtung Corato folgt und nach etwa 4 km Richtung Chianca abbiegt, stößt nach knapp 1 km auf eines der besterhaltenen Megalithgräber Italiens. Der 1909 entdeckte Dolmen von Biscéglie aus der frühen Bronzezeit besteht aus 1,80 m hohen Tragsteinen, die von einer 3,85 x 2,40 m großen Platte bedeckt sind. Davor liegt ein ursprünglich überdachter Gang von 7,60 m Länge, ein geheimer Zugang (dromos), der zu einem Familiengrab führt.

Bitonto ■ E 5/F 5

55 000 Einwohner

Von der Blütezeit des Landstädtchens, das es schon im 11. Jh. sogar bis zum Bischofssitz gebracht hat, künden neben dem prachtvollen Dom auch eine Reihe von Renaissance-Palästen.

Hotels/andere Unterkünfte

Nuovo
Kleiner, familiärer Hotelbetrieb mit angeschlossenem Restaurant (regionale Küche).
Via E. Ferrara 21
Tel. 0 80/3 75 11 78, Fax 3 71 85 46
31 Zimmer
Untere Preisklasse (EC, Visa)

Sehenswertes

Cattedrale San Valentino
Experten schätzen die mit Skulpturenschmuck am reichlichsten aus gestattete Kathedrale Apuliens in ihrer Stilreinheit und Vollendung des apulisch-romanischen Baustils sogar noch höher ein als die Nikolaus-Kirche von Bari.

Canosa di Púglia ■ D 4

32 000 Einwohner

Im 3. Jh. v. Chr. war die verschlafene Stadt über dem Ofanto-Tal ein wichtiges Handelszentrum der Römer, wovon die Überreste von Thermenanlagen, einem Amphitheater sowie das Stadttor »Porta Varrone« zeugen. Bereits 343 n. Chr. wurde das römische Canusium Bischofssitz, erst 700 Jahre später konnte Bari der ältesten Diözese Apuliens den Rang streitig machen.

Sehenswertes

Baptistero San Giovanni
Kunsthistoriker streiten, ob es sich um eine ursprünglich römische, im 4. Jh. n. Chr. in eine Taufkapelle umgewandelte Anlage oder um einen erst im 5. oder 6. Jh. errichteten Bau handelt. In jedem Fall stellt das Baptisterium eines der bemerkenswertesten frühchristlichen Denkmäler Apuliens dar.

Basilica di San Leucio
Auch bei der Datierung um die Ruinen der vermutlich im 5. Jh. an der Stelle eines Minerva-Tempels errichteten und im 9. Jh. von den Sarazenen zerstörten Kirche tobt ein Gelehrtenstreit.

Cattedrale San Sabino
Keineswegs harmlose akademische Dispute, sondern Mord, Totschlag und Verleumdung gehören zur Baugeschichte des Doms. Nach der Grundsteinlegung 1080 lagen die Diözesen Canosa und Bari in erbittertem Kampf um die Vormachtstellung. Die 1101 geweihte Kathedrale, in der sich die Gebeine des hl. Sabinus befinden, gehört trotz mehrfacher Umgestaltungen zu den wichtigsten Bauten der süditalienischen Romanik. Bewunderung verdienen

die geometrischen Dekorationen an der ältesten in Apulien erhaltenen Kanzel sowie der von Elefanten getragene Bischofsthron.

Tomba di Boemondo (Mausoleum Bohemundus)
An die Südflanke des Doms schmiegt sich ein eigenwilliger, orientalisch anmutender Bau, wie es in Europa keinen zweiten gibt: Es ist das Mausoleum des normannischen Fürsten Boemund von Hauteville. Der Sohn Robert Guiscards, Kreuzritter und Fürst von Antiochien, starb 1111 in Bari, wurde aber auf eigenen Wunsch nach Canosa überführt und unter einer schlichten Steinplatte mit der Inschrift »Boamundus« begraben.

Castel del Monte ■ D 5

TOPTEN 1

Majestätisch thront »Apuliens Krone« kaum 15 km von der Adriaküste entfernt auf einer 540 m hohen Hügelkuppe der nördlichen Murge. Wie kein anderer Bau Friedrichs II. hat diese Burg auf achteckigem Grundriß mit ihren acht achteckigen Türmen rund um den achtseitigen Innenhof die Gemüter der Kunsthistoriker erregt. Doch auch Laien stehen verzaubert vor der schlichten Schönheit der klaren Formen und Proportionen des zwischen 1233 oder 1234 und 1249 errichteten Kastells, das der nur ein Jahr nach der Fertigstellung gestorbene Kaiser kaum bewohnt haben kann.

Nicht zuletzt deswegen ranken sich unzählige Mythen um die wohl schönste aller Stauferburgen, und man fragt sich bis heute, welchen Zwecken das sogenannte Jagdschloß eigentlich hätte dienen sollen. Von einem Sitz der Tempelherren ist ebenso oft die Rede wie von geheimen Zusammenkünften obskurer Orden oder Tafelrunden.

Daß Castel del Monte bei der Verfilmung des Umbert- Eco-Bestsellers »Der Name der Rose« als Vorbild für den Schauplatz von Klosterintrigen und Mord herhalten mußte, trug zu einer weiteren Mystifizierung des an Würde und Anmut kaum zu übertreffenden Meisterwerks mittelalterlicher Architektur bei.
Mo–Sa 8.30–19, So und an Feiertagen 9–13 Uhr im Frühling/Sommer; Mo–Sa 8.30–14, an So und an Feiertagen von 9–13 Uhr im Herbst/Winter
Tel. 08 83/29 02 72
Verkehrsverbindung: Bus 2 x täglich von Andria mit Anschluß von und nach Bari, Barletta oder Trani.

Wie eine Krone in der Landschaft der Murge, thront Castel del Monte schon weithin sichtbar.

Gióia del Colle F 6

27 000 Einwohner

Hauptattraktion des Agrarstädtchens uralten Ursprungs (3. Jh. v. Chr.) mit dem hübschen Namen »Freude des Hügels« ist das von den Normannen auf byzantinischen Mauern errichtete und von Friedrich II. nahezu gänzlich neu erbaute Kastell. Daß bei der 1975 erfolgten Restaurierung des Guten vielleicht ein wenig zu viel geschah, ist eine Geschmacksfrage.

Hotels/andere Unterkünfte

Svevo
Gemütliches Hotel mit hervorragend ausgestatteten Zimmern und einem angeschlossenen Restaurant (traditionelle apulische Küche) der mittleren Preisklasse.
Via per Santeramo 319
Tel. 0 80/3 48 27 39, Fax 3 48 27 97
69 Zimmer
Mittlere Preisklasse (AE, DC, EC, Visa)

Villa Duse
1996 neu eröffnetes, intimes Haus mit modernem Komfort.
SS. 100 bei Km 39
Tel. 0 80/3 48 12 12, Fax 3 48 21 12
32 Zimmer
Mittlere Preisklasse (AE, DC, EC, Visa)

Sehenswertes

Castello Normanno Svevo
Allein schon die zwei Türme der Burg (28 m bzw. 24 m), die sich im heute dicht verbauten Zentrum erheben, sind beeindruckend. An Friedrich II. erinnern der Staufer-Adler an den zweibogigen Fensteröffnungen sowie ein Kapitell mit dem Reichsadler. Eine spätere Replik stellt der sogenannte Kaiserthron und die Freitreppe dar.
Tgl. 8.30–13 und 16–19 Uhr,
Mo geschl.

Museen

Museo Archeologico Nazionale
Antikensammlung aus den 6. bis 3. vorchristlichen Jahrhunderten mit Fundstücken – hauptsächlich Schmuck und Keramik – aus dem nahen Ausgrabungsgebiet von Monte Sannace (5,5 km der Strada Provinciale in nordöstl. Richtung). Eine Besichtigung der Archäologischen Zone ist nur nach Vereinbarung möglich (Tel. 0 80/83 31 91).
Castello
Piazza dei Martiri
Tgl. 9 bis 13 und 16–19 Uhr,
Mo geschl.

Gravina in Púglia E 6

40 000 Einwohner

Prähistorische, mittelalterliche und neuzeitliche Höhlenwohnungen, in denen man noch vor wenigen Jahrzehnten hauste, sowie mit Fresken geschmückte Grottenkirchen lassen das ärmliche Städtchen zum Höhepunkt einer Fahrt durch die Murge werden.

TopTen 8

Sehenswertes

San Michele dei Grotti
Die im 10. Jh. entstandene fünfschiffige, aus dem Tuffgestein herausgeschlagene Basilika zählt zu den wenigen Beispielen byzantinischer Kunst aus der Zeit vor den Normannen. Die Wandmalereien sind leider nur fragmentarisch erhalten geblieben. Gegen ein Trinkgeld läßt sich der Kirchenschlüssel in der nächstliegenden Bar auftreiben.

San Vito Vecchio
Höhlenkrypta in Form eines Oratoriums, im 14. Jh. mit kaum noch erkennbaren Fresken ausgestattet. Rekonstruktion im Museum des Ortes.

Museen

Museo Pomàrici Santomasi
Hinter der skelettgeschmückten Fassade der barocken Fegefeuerkirche (Chiesa della Purgatorio) unweit des Zentrums zeigt das Museum im Erdgeschoß eine Rekonstruktion des **Freskenzyklus von San Vito Vecchio**. Im Obergeschoß demonstriert ein Heimatmuseum die bäuerliche Kultur der Murge.
Via Museo 23
Di–Fr 9–13, Sa 9–12 Uhr,
So und an Feiertagen geschl.

Einkaufen

Micotec
Der landwirtschaftliche Betrieb produziert und verkauft – frisch oder eingelegt – »cardoncelli«, wohlschmeckende lokale Pilze.
Strada statale 97 bei Km 60 900.

Service

Auskunft

Pro Loco
Corso Musacchio
70024 Gravina in Púglia (BA)
Tel. 0 80/6 96 34 26

Molfetta

E 5

70 000 Einwohner

Zu Recht rühmt sich die kleine Stadt mit den größten Fischkonservenfabriken von ganz Italien ihrer attraktiven Altstadt, die buchstäblich im letzten Moment vor dem Verfall gerettet und im besten Sinn des Wortes revitalisiert wurde. Dementsprechend lebendig geht es auch jeden Vormittag auf dem Fischmarkt am malerischen Hafen zu (bis etwa 12 Uhr mittags).

Hotels/andere Unterkünfte

Garden
Ein ruhiges Haus inmitten eines schönen Gartens.
Via Provinciale per Terlizzi
Tel. 0 80/3 34 17 22, Fax 3 34 92 91
60 Zimmer
Untere/Mittlere Preisklasse (AE, DC, EC, Visa)

Sehenswertes

Duomo Vecchio
Bei seiner Grundsteinlegung 1150 stand der »Alte Dom«, der wie jener in Trani an einem Platz unmittelbar am Meer errichtet wurde, in entsprechender Distanz zum Häusermeer der Stadt. In späteren Zeiten

Eine der Perlen an Meer und Hafen: die Kathedrale von Molfetta, eine der größten Kuppelkirchen.

rückte man der größten romanischen Kuppelkirche Apuliens so nahe, daß die drei verschieden hohen, polygonalen, von zwei hohen Türmen flankierten Kuppeln viel von ihrer beeindruckenden Wirkung verloren haben. Der Duomo Vecchio San Corrado ist ein typisches Beispiel des apulischen Kuppelkirchentypus. Von seiner langen Baugeschichte erzählt das Kircheninnere, in dem romanische, byzantinische und orientalische Elemente ineinandergreifen. Den Altar schmücken z. B. romanische Reliefverzierungen, der Sockel des Weihwasserbeckens ist in Form eines Sarazenen gearbeitet.

Essen und Trinken

Borgo Antico
Schwelgen in Meeresfrüchten in einem alten Palazzo inmitten des historischen Zentrums.
Piazza Municipio 20
Tel. 0 80/3 97 43 79
Mo geschl.
Mittlere Preisklasse (AE, DC, EC, Visa)

Bufi
Seit vielen Jahren hält Salvatore Bufi die hohe Qualität seiner feinen, immer wieder haubengekrönten Mittelmeerküche.
Via Vittorio Emanuele 17
Tel. 0 80/3 97 15 97
Mo und im Jan. geschl.
Mittlere/Obere Preisklasse (AE, DC, EC, Visa)

Service

Auskunft

Pro Loco
Largo S. Angelo 87 (Hafen)
70056 Molfetta
Tel. 0 80/3 97 10 48

Polignano a Mare ■ G 6

16 000 Einwohner

Blitzsauber und bildhübsch wie eine Postkartenidylle: Stolz des hoch über zerklüfteten Felsen liegenden Ortes sind seine Grotten und Höhlen, von denen die meisten nur mit dem Boot erreichbar sind. Die Kathedrale aus dem späten 13. Jh. ist ihrer zahllosen Umgestaltungen wegen ausnahmsweise einmal kein »Muß«, und auch sonst gilt hier selbst für die eifrigsten Kulturtouristen: Mach mal Pause und genieße Sommer, Sonne und Meer!

Hotels/andere Unterkünfte

Castellinaria
Ein bezauberndes Hotel in einzigartig schöner und ruhiger Lage, angeschlossen ein exquisites Restaurant (Mittlere Preisklasse).
SS 16 bei Km 832
Tel./Fax 0 80/4 24 02 33
32 Zimmer
Obere Preisklasse (AE, DC, EC, Visa)

Covo dei Saraceni
Freundliches Familienhotel in schöner Meerlage mit gutem Fischrestaurant.
Via Conversano 1/A
Tel. 0 80/74 11 77, Fax 80 70 10
35 Zimmer
Mittlere Preisklasse (AE, DC, EC, Visa)

Grotta Palazzese
Modern ausgestattetes Haus auf einer Klippe über dem Meer – und darunter Apuliens romantischstes Restaurant gleichen Namens
(→ MERIAN-Tip S. 20).
Via Narciso 59
Tel. 0 80/74 06 77, Fax 74 07 67
19 Zimmer
Mittlere Preisklasse

Essen und Trinken

Da Tuccino
Hier kommt nur fangfrisches Meeresgetier auf den Tisch; zauberhafte Lage direkt am Wasser.
Via S. Caterina 69/F
Tel. 0 80/4 24 15 60
März–Mitte Dez. geöffnet, Mo geschl. (Juli/Aug. nur mittags)
Obere Preisklasse/Luxusklasse (AE, DC, EC, Visa)

Einkaufen

Giuseppe Campanella
Originelle Vasen, Gefäße und Beleuchtungskörper, zusammengesetzt aus Glas und bunten Steinen.
Künstleratelier, Cala Porto.

Service

Auskunft

Pro Loco
Municipio
Viale Rimembranza
70044 Polignano (BA)
Tel. 0 80/74 01 44

Ziel in der Umgebung

Grotte di Castellana G 6
Eine landschaftlich besonders reizvolle Strecke führt direkt zu der nur 15 km entfernten Ortschaft **Castellana Grotte,** die man trotz ihres malerischen Stadtkerns getrost links liegen lassen kann. Ziel des Abstechers sind nämlich die außerhalb zu findenden Tropfsteinhöhlen, die **Grotte di Castellana.** Vor urdenklichen Zeiten schuf ein unterirdischer Fluß diese gigantische Märchenwelt in 60 m Tiefe. Selbst an den heißesten Tagen klettert das Thermometer zwischen den bizarren Kalksteingebilden nicht über 15 Grad. Der Andrang vor der mit 2 km Länge weitläufigsten und schönsten Tropfsteinhöhle Italiens ist groß.
Tgl. 9–16 Uhr im Winter; 9–19.30 Uhr im Sommer, die ein- bzw. zweistündigen Führungen finden im Stundentakt statt (→ MERIAN-Tip S. 27).

Eine angenehme Abkühlung bieten die Grotte di Castellana an heißen Sommertagen.

Ruvo di Púglia ■ E 5

25 000 Einwohner

In der Antike für kunstvolle Keramik, seit dem Mittelalter für eine der schönsten romanischen Kirchen Italiens gerühmt: Qualität in jeder Hinsicht stand in dem Agrarstädtchen, das köstliche Speisetrauben, vorzüglichen Wein, süße Mandeln und schmackhaftes Obst produziert, seit jeher hoch im Kurs.

Hotels/andere Unterkünfte

Pineta
Gemütliches, familiär geführtes Hotel in ruhiger Panoramalage.
Via Carlo Marx 5
Tel./Fax 0 80/81 15 78
21 Zimmer
Im Nov. geschl.
Untere/Mittlere Preisklasse (AE, DC, EC, Visa)

Sehenswertes

Cattedrale Santa Maria Assunta
Unverkennbar, daß die Nikolaus-Kirche von Bari bei der Konzeption Pate gestanden hat, finden sich doch hier die »Markenzeichen« der apulischen Romanik in höchster Vollendung. Hinreißend in ihrer Schlichtheit wirken die drei Fassadenportale, gekrönt von einer aus zwölf Speichen bestehenden Rosette, und auch das obligate Löwenpaar vor dem Haupteingang fehlt natürlich nicht. Unter der Kirche aus dem 12./13. Jh. brachten die jüngsten Ausgrabungen gleich zwei frühromanische Vorgängerbauten zum Vorschein.

Museen

Museo Nazionale Jatta
Die Sammlerleidenschaft der Gebrüder Jatta, die bei Grabungsarbeiten in diesem uralten Keramikzentrum zufällig auf antike Gefäße attischer und großgriechischer Produktion gestoßen waren, legte den Grundstein zu einer der umfangreichsten Vasensammlungen Apuliens mit rund 2000 Exponaten. Die wertvollsten der rot- und schwarzfigurigen Stücke lassen sich bis zum 4. Jh. v. Chr. zurückdatieren.
Piazza Bovio 35
Tgl. 8.30–13.30 Uhr, Fr, Sa auch 14.30–19.30 Uhr

Essen und Trinken

L'Angolo Divino
Bisher eine Seltenheit in Süditalien: Die »göttliche Ecke« ist ein Weinlokal, in dem man sich durch mehr als 200 apulische Sorten durchkosten kann. Dazu gibt es kleine, liebevoll zubereitete Speisen.
Corso G. Jatta 11
Tel. 0 80/82 85 44
Mo geschl., nur abends geöffnet
Untere Preisklasse (keine Kreditkarten)

Service

Auskunft

Pro Loco
Via Vittorio Veneto 48
70037 Ruvo di Púglia (BA),
Tel. 0 80/81 54 19

Trani ■ E 4

55 000 Einwohner

Wer die Kathedrale von Trani nicht gesehen hat, kennt Apulien nicht, heißt es. Tatsächlich läßt sich dieser einsam am Endpunkt des Hafens aufragende Dom, der 1097 begonnen wurde, in seinen ausgewogenen Proportionen und in seiner schlichten Eleganz mit keinem anderen Sakralbau vergleichen.

Hotels/andere Unterkünfte

Royal
Nettes Jugendstil-Hotel in zentraler Stadtlage.
Via De Robertis 29
Tel. 08 83/58 87 77, Fax 582224
45 Zimmer
Mittlere Preisklasse (AE, DC, EC, Visa)

Sehenswertes

Cattedrale San Nicola il Pellegrino
Nur Beschreibungen der Superlative können dem Anblick jenes schnee-

TOPTEN 2

weißen Gotteshauses am blitzblauen Meer gerecht werden, das wie kein anderes das Kulturerbe der Normannenzeit repräsentiert.

Und einzigartig, wenngleich für uns heute recht skurril, ist auch die Gründungsgeschichte. Bari, seit 1087 im Besitz der kostbaren Nikolaus-Reliquien und seit dem Bau von San Nicola Pilgerziel Nummer eins, mußte um jeden Preis übertrumpft werden? Doch wo einen Heiligen hernehmen. Der Himmel schickte 1094 die Antwort in Form eines griechischen Pilgers namens Nicola. Er war ein geistig verwirrter Prediger, der kurz nach seiner Ankunft vor der damaligen Hauptkirche von Trani zusammenbrach und starb. Halleluja, der neue Stadtpatron war gefunden, es fehlte bloß noch die Kleinigkeit einer Heiligsprechung durch den Papst. Diese erfolgte bereits zwei Jahre später – und wenige Monate danach konnte mit dem Konkurrenzbau zu Bari begonnen werden.

Barisanus von Trani, unumstritten der begabteste Bildhauer seiner Zeit, schuf die mit Reliefdarstellungen aus dem Neuen Testament geschmückte Bronzetür (1180–1190) des Hauptportals. Heute betritt man den Dom allerdings durch den Seiteneingang – und ist erst einmal verwirrt: Man steigt nämlich über die Unterkirche in den lichtdurchfluteten Innenraum der Kathedrale.

Eines der kunsthistorischen Highlights der Region ist die Kathedrale San Nicola in Trani.

Essen und Trinken

Torrente Antico
Einfallsreiche Küche, die alle frischen Produkte des Landes mit Raffinesse verarbeitet.
Via E. Fusco 3
Tel. 08 83/48 79 11
So abends, Mo und im Juli geschl.
Obere Preisklasse (AE, DC, EC, Visa)

Service

Auskunft

AAST
Corso Cavour 140
70059 Trani (BA),
Tel. 08 83/58 88 25

Flache Strände und mächtige Kastelle – dazu ein Hafen, der schon in der Antike Tor zum östlichen Mittelmeer war: Brindisi und Umgebung sind einer näheren Betrachtung wert.

Sie ist zahlen- und bevölkerungsmäßig die kleinste Provinz Apuliens. Dafür allerdings hat sie einiges zu bieten: Badeorte mit perfekter Infrastruktur und pittoreske Orte von einzigartigem historischem Flair. Bekanntester von ihnen ist die strahlend »weiße Stadt« **Ostuni**, die märchenhaft-orientalische Atmosphäre an jeder Ecke versprüht.

Bildete im Alten Rom die Via Appia die direkte Verbindung zwischen der Hauptstadt und **Brundisium**, dem wichtigsten Ausgangshafen in die Ostprovinzen des Reiches, so rollen heute die Urlauberkolonnen über die Autobahn aus ganz Europa heran, um sich in eine der rund um die Uhr verkehrenden Fähren nach Griechenland oder in die Türkei einzuschiffen. Ebenso wie neun Jahrhunderte zuvor für die Kreuzritter, die vom sichersten Naturhafen der Adria aus zur Eroberung des »Heiligen Landes« aufgebrochen waren, oder später für all jene Reisende, die nach der Eröffnung des Suezkanals eine Schiffspassage nach Asien gebucht hatten, bleibt Brindisi für sie lediglich eine Durchgangsstation.

Sonnenschirm an Sonnenschirm reihen sich aneinander. Wohl dem, der noch ein ruhiges Plätzchen findet. Vielleicht hier an der Küste von Brindisi?

Brindisi

■ 17

96 000 Einwohner
Stadtplan → S. 55

Auch wenn ihr zwei Weltkriege schwer zugesetzt haben und nur mehr einige wenige Zeugnisse der großen Vergangenheit erhalten blieben, sollte man der alten Handelsmetropole einen Besuch abstatten.

Hotels/andere Unterkünfte

ACLI Progetto Forum (Jugendherberge) ■ a 1
Loc. Casale
Via N. Brandi 2
(Bus Linien 3 oder 4 ab Bahnhof)
Tel./Fax 08 31/56 80 24
Ganzjährig geöffnet, (Keine Kreditkarten)

Barsotti ■ c 3
Einfaches, neu ausgestattetes Haus in zentraler, aber ruhiger Lage.
Via Cavour 1
Tel. 08 31/56 08 77, Fax 56 38 51
60 Zimmer
Mittlere Preisklasse (AE, DC, EC, Visa)

Majestic ■ c 3
Komfortables Hotel in unmittelbarer Bahnhofsnähe.
Corso Umberto 151
Tel. 08 31/59 79 41, Fax 52 40 71
68 Zimmer
Obere Preisklasse (AE, DC, EC, Visa)

Spaziergang

Der Bummel durch das historische Zentrum (30 Minuten ohne längere Besichtigungen) beginnt am **Domplatz**. Vom romanischen Vorgängerbau der barocken Kirche sind nach einem Erdbeben 1746 nur mehr Fragmente vorhanden. Von größerem Interesse ist das benachbarte **Archäologische Museum** mit Sammlungen kostbarer antiker Fundstücke. Durch den Bogen am Dom gelangt man zur Terrasse mit den **Endsäulen der Via Appia** und über eine Treppe zum **Hafenbecken**. Auf der Viale Regina Margherita wenden wir ins in Richtung Seno di Ponente und erreichen über die Via Montenegro und die Via De Leo die **Piazza S. Teresa** mit der gleichnamigen Kirche (1670) sowie in der Folge die **Piazza S. Paolo** mit einem schönen gotischen Sakralbau. Kleine Gäßchen führen nun zu der vom Templerorden Ende des 11. Jh. errichteten Kirche **S. Giovanni al Sepolcro**, zur Kirche **S. Benedetto** (Portal, Turm und Kreuzgang aus normannischer Zeit, sonst barock) und zur **Porta Mesagne**, einem der alten Stadttore. Wer will, kann nun noch zu dem in späteren Zeiten mehrmals umgebauten **Staufer-Kastell** (wegen militärischer Nutzung nur von außen zu besichtigen) und zur **Fontana Tancredi** spazieren, 1192 vom letzten Normannenherrscher Tankred von Lecce errichtet, heute inmitten einer Verkehrshölle. Viel wichtiger wäre ein Ausflug in Richtung Flughafen, wo im Vorort Casale mit der Kirche **Santa Maria di Borgo Casale** ein gotisches Juwel mit prachtvollem Freskenschmuck zu entdecken ist.

Sehenswertes

San Giovanni al Sepolcro ■ c 2
Der nach dem Vorbild des Felsendoms in Jerusalem von den Templern gegen Ende des 11. Jh. errichtete, gedrungene Rundbau weist ein elegantes, an Reliefen reiches Portal mit Säulen tragenden Löwen auf.

Santa Maria di Borgo Casale
nördlich ■ a 1
3 km außerhalb des Zentrums steht unweit des Flughafens Brindisis schönstes mittelalterliches Bauwerk, Ende des 13. Jh. von Philipp von Anjou, Prinz von Tarent, erbaut. Hinter der mit geometrischen Ornamenten verzierten, dennoch eher schlichten Fassade öffnet sich ein fast vollständig mit Fresken des 14. Jh. ausgestatteter Innenraum. Meist nur zu den Messen geöffnet.

Museen

Museo Archeologico Provinziale
■ c 1/c 2
Ausgrabungsfunde aus griechischer und römischer Zeit lassen die wechselvolle Vergangenheit des Gebiets von Brindisi lebendig werden. Jüngst entdeckte Objekte stammen aus dem Boden der Templerkirche San Giovanni al Sepolcro.
Piazza Duomo 3
Mo–Fr 9–13.30, Di auch 15.30–18.30 Uhr, Sa, So geschl.

Essen und Trinken

La Lanterna c 2
Stilvolles Lokal in einem gotischen Palast mit schönem Innenhof. Die Qualität der Speisen entspricht dem Ambiente.
Via G. Tarantini 14
Tel. 08 31/56 40 26
So und im Aug. geschl.
Mittlere Preisklasse (AE, DC, EC, Visa)

Rosso e Nero c 2
In-Café mit kleinen Snacks, frischen Salaten und süßen Verführungen.
Via Santi 1
(keine Kreditkarten)

Service

Auskunft c 2

E.P.T.
Via C. Colombo 88
72100 Brindisi
Tel. 08 31/56 21 26, Fax 56 21 49
Im Sommer Touristeninfo-Büro am Hafen und Flughafen.

Francavilla Fontana H 8

33 000 Einwohner

Das alte Städtchen rund 35 km südwestlich von Brindisi (Schnellstraße Nr. 7) ist vor allem wegen seines Mitte des 15. Jh. aus roten Tuff- und weißem Sandstein erbauten und zwischen dem 16. und 18. Jh. mehrmals umgestalteten Schlosses von Bedeutung, heute unter dem Namen **Palazzo Imperiali** bekannt. Eine Fassade des rechteckigen Gebäudes schmückt eine reichverzierte Loggia. Heute ist hier das Rathaus untergebracht.

Essen und Trinken

Al Piccolo Mondo
Ein Restaurant, das manchen Umweg wert ist. Internationale mediterrane Spezialitäten.
Via S. Francesco d'Assisi 98
Tel. 08 31/85 36 18
Mo geschl.
Mittlere/Obere Preisklasse
(AE, DC, EC, Visa)

Ória H 8

15 000 Einwohner

Beherrschendes Bauwerk der schon in griechischer Zeit wichtigen Stadt 35 Kilometer südwestlich von Brindisi ist das unter Friedrich II. an der Stelle der Akropolis erbaute und später erweiterte Kastell. Es gilt als eines der am besten erhaltenen Beispiele staufischen Festungsbaus. Die Burg beherbergt eine private Sammlung archäologischer Fundstücke, vom Innenhof erreicht man die Krypta der Heiligen Crisante und Daria, ehemals Unterkirche eines frühchristlichen Gotteshauses.

Essen und Trinken

Vecchia Ória
Rustikales Restaurant im historischen Zentrum mit deftigen apulischen Fleischspezialitäten.
Vico Rotto Milizia 3
Tel. 08 31/84 58 80
Mi und Mitte Juni geschl.
Untere/Mittlere Preisklasse
(AE, DC, EC, Visa)

Service

Auskunft

Pro Loco
Via Astore 31
72024 Ória (BR)
Tel. 08 31/84 75 85

Ostuni

H 7

34 000 Einwohner

35 km westlich von Brindisi erhebt sich auf drei Hügeln eine der schönsten Städte Apuliens, ihre Häuser leuchten in märchenhaft-orientalischem Weiß. Wie auf keinen anderen Ort der Region mit seinen engen Gassen, steilen Treppen und kühlen Innenhöfen trifft das vielstrapazierte Attribut »malerisch« zu. Gekrönt wird das Bild von einer spätgotischen Kathedrale. In der Umgebung der Stadt finden sich zahlreiche Masserien, ausgebaut zu Hotels aller Kategorien, zu Restaurants oder Produktionsstätten hochwertiger landwirtschaftlicher Produkte. Nur knapp 7 km entfernt liegt **Marina di Ostuni**, nur einer der vielen Badeorte an der Küste mit perfekter touristischer Infrastruktur.

TopTen 7

Weißer Traum in blühender Landschaft. Wie kein anderer Ort in Apulien birgt Ostuni einen Zauber aus Orient und Okzident, umgeben von einer funktionierenden Infrastruktur.

Hotels/andere Unterkünfte

Incanto
Modernes Haus im Grünen mit schönem Panoramablick.
Via dei Colli
72017 Ostuni (BR)
Tel. 08 31/30 17 81, Fax 33 83 02
75 Zimmer
Mittlere Preisklasse (AE, DC, EC, Visa)

Masseria Santa Lucia
Luxuriöses Ambiente, das höchsten Ansprüchen gerecht wird. Zählt ebenso wie das angeschlossene Restaurant zu den Spitzenbetrieben Apuliens.
Costa Merlata, SS 379 bei Km 23,5
72017 Marina di Ostuni (BR)
Tel. 08 31/33 04 18, Fax 30 40 90
57 Zimmer
Obere Preisklasse/Luxusklasse
(AE, DC, EC, Visa)

Rosa Marina
Modernes, 30 ha großes Feriendorf im Grünen mit vielen Sportangeboten, Kinderspielplätzen, Pool, Disco, Kino, zwei Restaurants, Pizzeria und Minimarkt.
Loc. Rosa Marina

72017 Marina di Ostuni (BR)
Tel./Fax 08 31/35 04 11
197 Zimmer und Apartments
Mai bis Sept.
Mittlere bis Obere Preisklasse
(AE, DC, EC, Visa)

Sehenswertes

Cattedrale und Palazzo Vescovile
Das im 15. Jh. im spätgotischen Stil errichtete Gotteshaus besitzt eine reichdekorierte Fassade mit mächtiger Rosette. Sein Innenraum wurde im 18. Jh. barock ausgestattet. Der benachbarte Bischofspalast fügt sich mit seiner Loggia harmonisch in das Bild des Domplatzes.

Essen und Trinken

Osteria del Tempo Perso
In diesem Restaurant im historischen Zentrum Ostunis serviert man die klassischen apulischen Gerichte.
Via G. Vitale Tanzarella 47
Tel. 08 31/30 33 20
Mo und im Jan. geschl., sonst nur abends geöffnet
Untere/Mittlere Preisklasse
(AE, DC, EC, Visa)

Porta Nova
Traditionsreicher Familienbetrieb in einem aragonesischen Turm Ostunis mit schöner Veranda.
Via G. Petrarolo 38
Tel. 08 31/33 89 83
Im Winter Mi und im Jan. geschl.
Mittlere Preisklasse (AE, DC, EC, Visa)

Spessite
Alte Trattoria mit guter Hausmannskost, reichhaltiges Menü (Essen und Trinken) zum Fixpreis.
Via C. Brancasi 43
Tel. 08 31/30 28 66
Nur abends geöffnet, Mi sowie im Jan. und Nov. geschl
Untere Preisklasse

Service

Auskunft

AAST
Via Continelli 47
72017 Ostuni
Tel. 08 31/30 37 75

Informationsbüro
Piazza della Libertà
Tel. 08 31/30 12 68

MERIAN-TIP

Seltene Pflanzen und Tiere in unberührter Natur In Torre Guaceto 16 km nordwestlich von Brindisi befindet sich seit 1981 ein 215 ha Land und 570 ha Meeresfläche umfassendes Naturschutzgebiet, das vom WWF betreut wird. In dem landschaftlich reizvollen Küstenabschnitt trifft man auf seltene Pflanzen und eine große Zahl von Tieren, vor allem Wasservögel, im Meer konnten unter anderem kostbare Korallen erhalten werden. Informationen in der WWF-Außenstelle Torre Saracena (Tel. Handy 03 37/82 50 62) oder bei WWF Púglia, Via Boccapianola 1, 70100 Bari (Tel. 0 80/5 21 03 07). ■ H 7/I 7

Eine Landschaft – zwei Begriffe: Im Doppelnamen »Tavoliere alias Capitanata« für die Ebene zwischen Apennin und Gargano steckt ein Stück von Apuliens bewegter Geschichte.

Daß sich die Bezeichnung »Tavola« für die mit 3000 Quadratkilometern größte Ebene des Südens vom lateinischen »tavola« – Tafel – ableitet, ist zwar naheliegend, aber falsch. Für das bis ins frühe Mittelalter in Staatsgüter aufgeteilte Gebiet standen vielmehr die »tabulae censuariae«, die römischen Grundbücher der Steuerbehörden, Pate. »Capatinata« wiederum geht auf die Amtsbezeichnung »Katapan« für die byzantinischen Statthalter zurück, die immerhin mehr als vier Jahrhunderte lang hier das Sagen hatten.

Politisch erlangte die ehemalige Kornkammer Roms jedoch erst unter Friedrich II. Bedeutung, indem er das exakt in der topographischen Mitte des Tavoliere liegende **Foggia** zur kaiserlichen Residenz erkor. Sternförmig läßt sich von der heutigen Hauptstadt der **Provinz Foggia** jene Landschaft erkunden, die von dem Staufer mehr als jede andere geliebt wurde. Doch um Enttäuschungen vorzubeugen: Nur wenig blieb von der einstigen Pracht und Herrlichkeit der legendären Paläste und prunkvollen Jagdsitze des im Mittelalter dicht bewaldeten Gebiets erhalten.

Nordöstlich von Foggia hält der **Gargano** – der Sporn des italienischen Stiefels – eine atemberaubende Landschaft bereit. Aber Vorsicht: Man darf sich nämlich nicht der Illusion hingeben, daß sich eine solche grandiose Naturszenerie von Menschenhand nicht zerstören läßt. Wie sehr der Schein trügt, zeigt sich in jedem x-beliebigen Küstenort der noch vor wenigen Jahrzehnten als Geheimtip geltenden Halbinsel: Längst haben die malerischen Fischerdörfer ihre Seele verkauft.

Kaum ein Strandstück der Ortschaften blieb von den rasch hochgezogenen und mit billigsten Mitteln errichteten Hotels verschont. Dazwischen münden die meisten Stichstraßen zum Meer vor einer Schranke, die entweder eine Bungalowsiedlung oder einen Campingplatz vor der Außenwelt abriegelt. Frei zugängliche Strände gehören der Vergangenheit an.

Nur seinen letzten Schatz – die »**Foresta Umbra**« – ließ sich der Gargano nicht rauben: Im Herzen der Halbinsel erstreckt sich über ein 10 000 Hektar großes Gebiet ein Märchenwald, wie ihn die Gebrüder Grimm nicht schöner hätten ersinnen können. Die uralten Bäume stehen unter strengstem Naturschutz.

TOPTEN 3

Foggia

B 3/C 3

160 000 Einwohner

Stadtplan → S. 61

Alles ist relativ: Mit kaum tausend Jahren ist man als süditalienische Stadt noch ziemlich jung. Dafür hat die von den Normannen um 1050 befestigte kleine Siedlung jedoch schon einiges mitgemacht. Den Aufstieg zum Zentrum eines Kaiserreiches im 13. Jh., den Abstieg zur Bedeutungslosigkeit nach einem Erdbeben im 18. Jh., einen Neuanfang als Bischofssitz im 19. Jh. und zuletzt die schwere Bombardierung im 20. Jh. Foggia, das während des Zweiten Weltkriegs als heißumkämpfte Militärflugbasis der Alliierten herhalten mußte, verwandelte sich in dieser Zeit in eine moderne, sympathische Geschäftsstadt, die von Dienstleistungsgewerbe und Landwirtschaft bestimmt wird.

Hotels/andere Unterkünfte

Cicolella d 1
Renommiertes Haus in zentraler Lage mit komfortabler Ausstattung, angeschlossen Kongreßräumlichkeiten und Spitzenrestaurant.
Viale XXIV Maggio 60
Tel. 08 81/68 88 90, Fax 77 89 84
106 Zimmer
Obere Preisklasse (AE, DC, EC, Visa)

President südlich b 3
Modernes, geräumiges Stadthotel mit elegantem Interieur.
Viale degli Aviatori 130
Tel. 08 81/61 80 10, Fax 61 79 30
132 Zimmer
Mittlere Preisklasse (AE, DC, EC, Visa)

Salice südöstlich d 3
Einfaches, zweckmäßig eingerichtetes Hotel außerhalb des Zentrums.
SS per Bari bei Km 4
Tel. 08 81/68 04 07, Fax 68 04 10
44 Zimmer
Untere Preisklasse (DC, EC, Visa)

Sehenswertes

Cattedrale Santa Maria Icona Vetere b 1
Von dem usprünglichen Normannendom blieb nach dem schweren Erdbeben von 1731 kaum ein Stein auf dem anderen. Lediglich am Nordportal des im Barockstil wieder errichteten Gotteshauses sind noch einige Fragmente aus dem 13. Jh. zu sehen. Möglicherweise stellt der schwer beschädigte Reiter auf der mittleren Reliefplatte Friedrich II. dar, dessen Herz in der Kathedrale seines geliebten Foggia beigesetzt wurde.

Palazzo Arpi (Museo Civico e Pinacoteca Comunale) b 1
Aus dem etwa 8 km nordöstlich gelegenen Arpi stammten die nach einem Sarazenenüberfall obdachlos gewordenen Gründer Foggias. Nach ihnen wurde der Palazzo benannt, der sich an der Stelle der 1223 errichteten Stauferresidenz Friedrichs II. erhebt. Nur die Reste des Portalbogens mit Adlermotiv, eine Inschrift und ein Brunnen blieben von Friedrichs Palast übrig, über den zeitgenössische Chroniken wahre Wunderdinge zu berichten wußten. Von Wasserspielen und säulenumkränzten Höfen, von kostbarem Marmor und vergoldeten Skulpturen erzählte man sich ebenso wie von der orientalischen Hofhaltung des »weißen Kalifen«.

Heute birgt der Palazzo das städtische Archäologische Museum.

Piazza Umberto Giordano c 2
Im kleinen, zentral liegenden Stadtpark am Ende des Corso Vittorio Emanuele ehrt die Stadt ihren prominentesten Sohn: Um die Büste des Komponisten Umberto Giordano gruppieren sich seine Opern-Figuren.

Museen

Museo Civico b 1
Wer auf den Spuren des Stauferkaisers reist, kann sich einen Besuch des im Palazzo Arpi untergebrachten Stadtmuseums mit seiner archäologischen Sammlung ersparen. Ein Großteil der Exponate stammt aus den Ruinen von Arpi (Keramiken, Grabbeigaben, Münzen). In der Pinakothek finden sich Werke apulischer Maler vom 15. bis 20. Jh.
Piazza Vincenzo Nigri 1
Tgl. 9–13, Di und Do auch 17–19 Uhr, Sa geschl.

Essen und Trinken

Il Ventaglio südlich c 3
Seit vielen Jahren schon ein Fixpunkt im gastronomischen Kalender der Stadt.
Via G. Postiglione 6
Tel. 08 81/66 15 00
Im Sommer am Wochenende; sonst Mo und Aug., Dez. geschl.
Obere Preisklasse (AE, DC, EC, Visa)

Trattoria Giordano-Da Pompeo b 1
Der beliebte Familienbetrieb zeichnet sich durch gute lokale Küche aus.
Vico al Piano 14
Tel. 08 81/72 46 40
So und mehrere Wochen im Aug. geschl.
Untere/Mittlere Preisklasse (keine Kreditkarten)

Trilussa c 3
Pizzafreunde können hier unter mehr als 60 Varianten wählen, alle mit erstklassigen Ingredienzen.
Via Iorio 50
Mi und Mitte Aug. geschl.
Untere Preisklasse (AE, DC, EC, Visa)

Am Abend

Louis Cafè Concerto
Auch das gibt es noch: ein veritables Konzertcafé, wo zu süßen Sünden süße Melodien – live geboten werden.
Via S. Maria della Neve 13
(keine Kreditkarten)

Teatro Comunale Umberto Giordano b 1
Hier erklingen die Opern des berühmten Namenspatrons ganz und gar nicht provinziell.
Piazza Battisti
Tel. 08 81/674640

Service

Auskunft

E.P.T. d 3
Via Perrone 17
71100 Foggia
Tel. 08 81/67 68 64 oder 67 68 71

»Dschungel« europäischen Maßstabs: Ein unberührter Wald erstreckt sich im Innern des Gargano.

Lucera

B 3

36 000 Einwohner

Die strategisch ideale Lage des schon in der Bronzezeit besiedelten Hügels am Rande des lukanischen Apennins entging natürlich schon den Römern nicht. Ihre Stadtgründung im 4. Jh. v. Chr. übertraf die Dimensionen des heutigen Lucera um einiges, wie die Ausgrabungen römischer Wohnviertel sowie das etwa 1 km vom mittelalterlichen Zentrum entfernt liegende Aphitheater aus dem 1. Jh. n. Chr. beweisen.

Nach dem Zerfall des Imperium Romanum geriet der Ort bis zur Stauferzeit nahzu in Vergessenheit. Auf einer Anhöhe unweit der Stadt errichtete Friedrich II. einen seiner befestigten Wohnsitze. 1233 veranlaßte er die Zwangsübersiedlung von 20 000 sizilianischen Arabern, die Lucera mit Billigung des Kaisers in eine islamische Enklave im christlichen Reich verwandelten. Dieser Schachzug war gleichermaßen ungewöhnlich wie genial: Die zuvor aufständischen Sarazenen verwandelten sich in die treuesten Anhänger des Staufers, der damit eine schlagkräftige, jederzeit rekrutierbare Leibgarde in der bald 60 000 moslemische Einwohner zählenden Stadt besaß. Haßerfüllt bezeichnete der Papst den Kaiser fortan als »Sultan von Lucera«. Prompt ließ er nach Friedrichs Tod durch Karl I. von Anjou den Ort niederbrennen und auf den Grundmauern einer Moschee einen gotischen Dom errichten.

Bild Seite 65:
Am Ende der Viale Augusto liegt das römische Amphitheater in Lucera.

Sehenswertes

Castello (Fortezza Svevo-Angioiana)
Auf den Trümmern der Sarazenenburg Friedrichs II. baute Karl I. von Anjou zwischen 1269 bis 1283 seine Wehranlage mit einer 900 m langen Umfassungsmauer und ursprünglich 24 Wehrtürmen, von denen heute nur noch 17 existieren.

Duomo Santa Maria Assunta
In der von gotischen Portalen geschmückten dreischiffigen Kirche (Bauzeit 1300–1317) befindet sich das Grabmal von Karl II. von Anjou. Beachtenswert der Altar: An diesem Tisch soll Friedrich II. in seinem Castel Fiorentino gespeist haben.

Essen und Trinken

Alhambra
Zweifellos das führende Restaurant der Stadt in idealer Zentrumslage. Zu den stets frischen Speisen werden die besten apulischen Weine serviert.
Via De Nicastri 10/14
Tel. 08 81/54 70 66
So abends und im Sept. geschl.
Mittlere Preisklasse (AE, DC, EC, Visa)

Einkaufen

La Monticella
Hier gibt es Pasta-Saucen, Marmeladen, Olivenöl und andere kulinarische Mitbringsel.
Via Casotti 25

Service

Auskunft

Pro Loco
Via De Nicastri 38
71036 Lucera (FG)
Tel. 08 81/54 68 78

Ziele in der Umgebung

Castel Fiorentino B 3

15 km Luftlinie und 25 Straßenkilometer in nordwestlicher Richtung entfernt liegen die verstreuten Reste des einstigen Bischofssitzes Castel Fiorentino. Bloß noch Ruinen kennzeichnen heute den Todesort von Friedrich II., der nach einem Orakel »sub fiore« – »unter der Blume« – sterben würde. Sein vorhergesagte Schicksal erfüllte sich 1250 bei seinem ersten Aufenthalt in dem Kastell, das er – ebenso wie die Stadt Florenz – zuvor stets gemieden haben soll.

Troia B 4

8000 Einwohner

Im Römischen Reich ein wichtiger Stützpunkt der von Rom nach Brindisi führenden Via Appia, heute ein verschlafenes Nest fernab aller Reiserouten: Dennoch zählt das Städtchen auf einem 440 m hohen Hügel des daunischen Apennin zu den Touristenzielen der Spitzenklasse. Mit seiner Kathedrale besitzt es nämlich ein Architektur-Juwel, das selbst in dem mit romanischen Bauwerken überreich bedachten Schatzkästchen Apulien seinesgleichen sucht.

Glücklicherweise verschonte der Stauferkaiser bei seinem Rachefeldzug gegen das papsttreue Troia die dreischiffige Basilika. Abgesehen davon ist von der großen Vergangenheit dieses apulischen Stützpunktes des Kirchenstaates, der vom Normannenkönig Roger II. 1133 erstmals und von dessen Enkel Friedrich II. 1229 nochmals zerstört wurde, wenig zu sehen.

Es gibt weder ein Hotel noch ein empfehlenswertes Restaurant, und wer sich nicht mit einem Imbiß in einer der bescheidenen Bars begnügen möchte, muß sich nach Foggia oder Lucera begeben.

Sehenswertes

Cattedrale Santa Maria Assunta

Selbst ein Laie erkennt, daß dieses 1093 gestiftete Gotteshaus zu den wichtigsten romanischen Kirchen Süditaliens gehört: Eine Fensterrose von unfaßbarer Schönheit beherrscht die Fassade, ein zartes »Spitzentuch«, gewoben von einem unbekannten Meister der romanischen Steinmetzkunst. Auch das mit 1119 datierte Bronzeportal verrät die Handschrift eines überragenden Könners seines Faches: Die plastisch weit hervorragenden Löwenköpfe und Drachen wurden ebenso wie die Motive am bronzenen Südportal von Oderisius von Benevent geschaffen. Im Inneren des auf einem byzantinischen Vorgängerbau errichteten Doms verdient vor allem das eigenwillige Tierkampfmotiv an der Kanzel (1169) Beachtung: Ein Löwe zerfleischt einen Hasen, wird dabei aber von einer Hyäne attackiert.

Interessant ist das im Diözesanmuseum aufbewahrte Kapitell von ca. 1240, das zu den wichtigsten Zeugnissen der von der französischen Gotik beeinflußten apulischen Skulptur gehört. Die Forschung ist sich bis heute darüber strittig, ob es zum Bestand der Kathedrale gehörte.

Service

Auskunft

Pro Loco
Via Regina Margherita 206
71029 Troia (FG)
Tel. 08 81/97 97 55

Manfredónia

C 3/D 3

60 000 Einwohner

Die für süditalienische Verhältnisse blutjunge Stadt wurde erst 1256 von Manfred, einem Sohn Friedrichs II., nach einem Erdbeben für die Flüchtlinge aus dem völlig zerstörten Siponto gegründet. 1620 brannten sarazenische Seeräuber die gotische Kathedrale nieder, der Nachfolgebau stammt aus dem 17. Jh. Auch das Kastell ist nicht mehr »original«, sondern weitgehend eine Schöpfung des 16. Jh. Da Manfredónia Ende der sechziger Jahre seinen weitläufigen Badestrand einem riesigen Chemiewerk preisgegeben hat, kann es Touristen auch sonst nur wenig bieten. Mangels entsprechender Stadthotels sollte man zum Übernachten in das nur 3 km weit entfernte Lido di Siponto ausweichen.

Hotels/andere Unterkünfte

Gabbiano
Typisches Strandhotel, moderne Ausstattung, Restaurant und Kongreßsäle. Bei Pilgern zum Heiligtum Monte Sant'Angelo beliebt.
Viale Eunostides 20
71040 Lido di Siponto (F6)
Tel. 08 84/54 25 54, Fax 54 23 80
35 Zimmer
Untere Preisklasse (EC, Visa)

Museen

Museo Archeologico Nazionale del Gargano
Das im Kastell untergebrachte archäologische Museum zeigt Fundstücke vom Gargano aus vor- und frühgeschichtlicher Zeit.
Corso Manfredi
Tgl. 8.30–13.30 und 15.30–19.30 Uhr, jeden ersten und letzten Mo im Monat geschl.

Essen und Trinken

Gargano
Elegantes Restaurant in Manfredónia mit Meerblick, traditionelle Fischspeisen der Region.
Viale Beccarini 2
Tel. 08 84/58 76 21
Di und im Jan. geschl.
Mittlere/Obere Preisklasse (Visa)

Il Baracchio
Nette Trattoria mit gediegener regionaler Meeresküche.
Corso Roma 38
Tel. 08 84/58 38 74
Do und im Juli geschl.
Mittlere Preisklasse (AE, DC, EC, Visa)

Service

Auskunft

AAST
Corso Manfredi 26 (Palazzo Celestini)
71043 Manfredónia (F6)
Tel. 08 84/58 19 98

Ziel in der Umgebung

Siponto C 3

An der Staatsstraße Richtung Foggia liegt in 3 km Entfernung abgeschieden am Rande eines Pinienhains die **Chiesa Santa Maria Maggiore di Siponto**. Die aus dem frühen 12. Jh. stammende Kirche (1975 restauriert) zeigt bereits an der Gliederung ihrer Fassade orientalische Einflüsse. Für die apulische Romanik typisch ist auch das von zwei Löwen flankierte Portal.

Daneben befinden sich die Überreste einer frühchristlichen Basilika. Nach weiteren 10 km Richtung Foggia erreicht man die **Chiesa di San Leonardo di Siponto**. Der Kirchenbau aus dem späten 11. Jh.

gehörte zu einem Kloster des Deutschen Ritterordens, der bis zum 13. Jh. an der Pilgerstraße zum Monte Sant'Angelo ein Hospital betreut hatte. Wieder einmal beeindruckend ist das monumentale Portal mit den von Löwen und Greifen getragenen Säulen.

Monte Sant'Angelo ■ D 2

15 000 Einwohner

Gleich von drei Erscheinungen des Erzengels Michael berichten Legenden aus dem 5. Jh., die allesamt in dem himmlischen Befehl gipfelten, jene Grotte, in der sich ein Altar des Mithraskultes befand, in ein christliches Gotteshaus zu verwandeln. 493 soll nach der Überlieferung die erste Michaelskirche des in exponierter Höhenlage angesiedelten Bergortes (796 m) eingeweiht worden sein, vermutlich aber wurde sie erst im 6. Jh. als langobardisches Nationalheiligtum errichtet.

Millionen Gläubige pilgerten seither über den Via Sacra genannten Pfad zur Felsengrotte mit dem angeblichen Fußabdruck des Erzengels. Wallfahrer von heute können es sich leichter machen: Eine Panoramastraße führt direkt zu einem der ältesten Heiligtümer des christlichen Abendlandes.

Sehenswertes

Castello
Nur noch eine dekorative Ruine mit großartigem Fernblick blieb von der im 11. Jh. befestigten und bis in die Renaissance genutzten Normannenburg auf dem Engelsberg übrig.

Chiesa Santa Maria Maggiore
Kaiserin Konstanze, die Gemahlin Heinrichs VI. und Mutter Friedrichs II., gilt aufgrund des mit 1198 datierten Portals als Stifterin dieser romanischen Kirche, in deren Innerem Freskenreste aus dem 13. und 14. Jh. zu sehen sind.

Santuario di San Michele Archangelo
Der achteckige Campanile der Michaelskirche (13. Jh.) verrät schon von weitem das Pilgerziel: »Ehrfurcht gebietend ist dieser Ort. Hier ist das Haus Gottes und die Pforte des Himmels«. Mit diesen einschüchternden Worten in lateinischer Sprache empfängt der Erzengel seine Besucher vor dem Treppenabgang in sein kühles, unterirdisches Reich, das sich erst nach 89 Stufen in die Tiefe hinter einem prachtvollen, 1076 in Konstantinopel gegossenen Bronzetor eröffnet. Für den 1273 erfolgten Ausbau der Grotte als rippengewölbten

Der gedrungene Kirchenbau Santa Maria Maggiore di Siponto stammt aus dem 12. Jh.

Raum mit Franziskus-, Marien- und Hauptaltar zeichnet Karl I. von Anjou verantwortlich, der Bischofsthron stammt aus dem 11. Jh.

Tomba di Rotari
Lange Zeit hielt man den Kuppelbau gegenüber von San Michael für das Grabmal des 652 gestorbenen Langobardenkönigs Rothari. Offenbar handelt es sich jedoch um ein Baptisterium aus dem 11. Jh.

Museen

Museo Giovanni Tancredi
Volkskundliche Exponate, zusammengetragen von dem Ethnologen Giovanni Tancredi (1872–1948), geben Aufschluß über Alltagsleben, Festtagsriten und religiöse Bräuche.
Piazza San Francesco
Mo 8.30–18.30, Di–Sa 8.30–13.30 und 14.30–19.30, So und an Feiertagen 10–12.30 und 15.30–19 Uhr (April–Sept.); Mo–Fr. 8–14, Do und Fr auch 16–19 Uhr, Sa, So und an Feiertagen geschl. (Okt. –März)

Essen und Trinken

Medioevo
Nur wenige Schritte vom Michaels-Heiligtum entfernt, wird in mittelalterlichem Ambiente beste lokale Küche – Fisch oder Fleisch – serviert.
Via Castello 21
Tel. 08 84/56 53 56
Im Winter Mo und im Nov. geschl.
Untere/Mittlere Preisklasse (AE, DC, EC, Visa)

Service

Auskunft

Pro Loco
Via Reale Basilica 40
71037 Monte Sant'Angelo (FG)
Tel. 08 84/7 10 37

Einflüsterungen von Pater Pio, dem volkstümlichsten und populärsten Heiligen Italiens. Sein Grab in San Giovanni Rotondo ist das Ziel ganzer Heerscharen von Pilgern.

Ziel in der Umgebung

Kaum 20 km auf der Staatsstraße 272 liegen zwischen dem uralten Felsheiligtum am Michaelsberg und einem funkelnagelneuen Wallfahrtsort unserer Tage, den allerdings kaum ein Studienreise-Veranstalter im Programm führt. Einen Ausflug ist die Stätte zeitgenössischer Heiligenverehrung jedoch allemal wert, aber keinen längeren Aufenthalt.

San Giovanni Rotondo C 2

25 000 Einwohner

Selbst mit bestem Willen läßt sich nicht einmal der alte Kern des Bergdorfs am Rande des Gargano als malerisch bezeichnen – und dennoch erfreut sich der kleine Ort des größten Hotelangebots weit und breit. Das allein schon ist ein Wunder unter den vielen anderen, die Italiens populärster Heiliger des 20. Jh. vollbracht hat: Padre Pio, vom Volk längst als solcher verehrt, wurde 1999 zwar vorerst nur seliggesprochen, doch um solche Formalitäten schert sich vom Brenner bis Palermo ohnedies keiner. Die »Erfolgsstory« begann 1918 mit der Stigmatisierung des 1887 geborenen Kapuzinermönchs. Als er ein halbes Jahrhundert später nach unzähligen Wundertaten starb, hatte der Gottesmann dem damals noch bitterarmen Mezzogiorno ein hochmodernes Krankenhaus beschert – finanziert mit Spendengeldern dankbarer Gläubiger aus aller Welt.

Pèschici

D 1

4400 Einwohner

Die malerische Lage auf dem hoch über dem Meer aufragenden Felsen konnte dem ehemaligen Fischerort niemand rauben, und auch die winkeligen Gassen bewahren sich trotz Souvenirkitsch und Fast-food-Angeboten ein wenig von ihrem einstigen Flair. Wer sich hier in die engen Altstadtgassen hineinbegiebt, wird ein quirliges Gemisch aus Kunsthandwerksläden, Boutiquen und Lebensmittelgeschäften finden.

Hotels/andere Unterkünfte

D'Amato
Strandhotel in relativ ruhiger Lage mit Garten, Pool und Freizeiteinrichtungen.
Loc. Spiaggia
Tel. 08 84/96 34 15, Fax 96 33 91
50 Zimmer
Mitte April–Mitte Okt. geöffnet
Mittlere Preisklasse (AE, EC, Visa)

Pèschici
Kleine Familienpension in malerischer Lage über dem Meer.
Via S. Martino 31
Tel./Fax 08 84/96 41 95
36 Zimmer
April bis Mitte Okt. geöffnet
Untere Preisklasse (nur Halb- oder Vollpension; EC, Visa)

Essen und Trinken

La Collinetta
Rustikale Küche mit stets frischen Ingredienzen aus Meer und Garten, schöne Panoramalage, angeschlossen eine kleine Familienpension.
Loc. Madonna di Loretto
Tel. 08 84/96 41 51
März–Sept. ohne Ruhetag geöffnet
Mittlere Preisklasse (AE, EC, Visa)

Fra Stefano
Uriges Lokal in einem alten Landhaus. Monbiliar aus Olivenholz; deftige lokale Küche mit Grillspezialitäten (Fisch und Fleisch).
Via Forno 8
Tel. 08 84/96 41 41
Geöffnet Ostern bis Mitte Okt.
Untere Preisklasse (keine Kreditkarten)

Grotta delle Rondini
Originelles Fischlokal am Meer mit Blick in eine romantische Grotte.
Borgo Marina 30
Tel. 08 84/96 40 07
Zwischen Ostern und Mitte Okt. ohne Ruhetag geöffnet
Mittlere Preisklasse (AE, DC, EC, Visa)

Service

Auskunft

Pro Loco
Corso Garibaldi 27
71010 Pèschici (FG)
Tel. 08 84/96 27 96

Ziel in der Umgebung

Isole Trémiti ▪ B 1/C 1

300 Einwohner

Der winzige Archipel vor der »Haustüre« des Gargano besteht aus vier Inselchen. Kunsthistorisch Interessierte werden allerdings nur auf San Nicola fündig, wo es die Abteikirche Santa Maria a Mare als letzten Überrest eines einstmals mauerbewehrten Benediktinerklosters (8./9. Jh.) zu besichtigen gibt. Landschaftlich und auch für Wassersportler reizvoll ist San Dómino, die mit 2 qkm größte Insel. Capraia und das winzige Il Cretaccio – sind unbewohnt.
Im Sommer gibt es tägliche Schiffsverbindungen von Pèschici und Rodi Garganico zu den Inseln (Tel. 08 84/96 42 34 oder 96 49 19).

Service i

Auskunft

Touristenbüro auf der Insel
San Nicola
Tel. 08 82/66 30 02

Vieste ▪ D 2

13 400 Einwohner

Im Sommer der Badeort des Gargano schlechthin, im Winter ein verschlafenes Nest an der Spitze der Halbinsel: Auf diesen kurzen Nenner läßt sich die Atmosphäre des auf einem schmalen Felssporn liegenden Städtchens bringen, dessen Geschichte bis ins 10. Jh. v. Chr. zurück reicht. Die wenigen Sehenswürdigkeiten sind rasch aufgezählt: Aus römischer Zeit stammen Überreste einer Stadtmauer, im Zentrum erhebt sich zwischen weiß gekalkten Häusern die im 11. Jh. gestiftete und im 19. Jh. bis zur Unkenntlichkeit ihrer romanischen Ursprünge umgestaltete Kathedrale. Schließlich hinterließ Friedrich II. noch ein

Fischen, wie hier in Pèschici, bedeutet harten Broterwerb, um so mehr, als die traditionellen Berufe durch Tourismus und Kommerzialisierung immer weiter zurückgedrängt werden.

Kastell, das sich nach grundlegenden Erweiterungen als Wehrbau des späten 16. Jh. präsentiert. Nicht Menschenhand, sondern Wind und Wellen schufen Viestes Wahrzeichen, den legendenumrankten, 20 m hohen »Pizzomunno«: Dabei handelt es sich um einen dekorativ aus dem Meer aufragenden Riesenmonolithen an der gleichnamigen Bucht zu Füßen der Stadt.

Hotels/andere Unterkünfte

Pizzomunno Vieste Palace
Hotelpalast der Spitzenkategorie mit allem, was der verwöhnte Gast erwartet.
Spiaggia di Pizzomunno
Tel. 08 84/70 87 41, Fax 70 73 25
183 Zimmer
April–Okt. geöffnet, für Kongresse ganzjährig
Luxusklasse (AE, DC, EC, Visa)

Scialara
Traditionsreiches Haus in unmittelbarer Meeresnähe, Garten und Tennisplatz vorhanden.
Loc. Scialara, Lungomare Mattei 30
Tel. 08 84/70 66 84, Fax 70 61 14
38 Zimmer
April–Sept. geöffnet
Mittlere Preisklasse (EC, Visa)

Vela Velo Club
Ideal für alle, die keinen Wert auf großen Komfort legen, dafür aber auf sportliche Betätigung: Segel- und Windsurfschule, Verleih von Mountain-Bikes, organisierte Wanderungen in die Foresta Umbra.
Lungomare Europa 19
Tel. 08 84/70 63 03, Fax 70 14 62
17 Zimmer
April–Sept. geöffnet
Untere Preisklasse (AE, DC, EC, Visa)

Essen und Trinken

Box 19
Kleiner Familienbetrieb: Fischspezialitäten.
Via Santa Maria di Merino 13
Tel. 08 84/70 52 29
Mo und im Nov. geschl.
Mittlere Preisklasse (EC, Visa)

Casa della Bruschetta
Sympathische Trattoria mit rustikaler Küche; auch kleine Speisen erhältlich.
Via S. Nobile 6
Tel. 03 39/4 12 53 64 (Handy)
März–Okt. geöffnet
Untere Preisklasse (AE, DC, EC, Visa)

Locanda Dragone
Originelles Fischlokal in einer natürlichen Grotte im historischen Zentrum.
Via Duomo 8
Tel. 08 84/70 12 12
Di geschl., April–Mitte Okt. geöffnet
Mittlere Preisklasse (AE, EC, Visa)

Einkaufen

Forte
Riesenauswahl an Käse-Spezialitäten aus ganz Apulien.
Piazza Vittorio Emanuele 21

Service

Auskunft

AAST
Piazza Kennedy
71019 Vieste (FG)
Tel. 08 84/70 71 30

Wie ein Finger, der aus dem Meer aufragt: Der »Pizzomunno« ist das legendenumwobene Wahrzeichen von Vieste und liegt zu Füßen der Stadt.

Donna Italia schreitet mit Eleganz hochhackig: Unverkennbar ist die äußere Form des südlichen Apulien. Die Halbinsel Salento bildet den Absatz des italienischen Stiefels.

Immerhin liegen zwischen dem Beginn des Absatzes etwa bei Brindisi und dessen Spitze, dem **Capo Santa Maria di Léuca**, auch »Ende der Welt« genannt, gute 100 Kilometer. Ein mächtiges Kalkplateau ragt hier in die See – östlich die Adria, im Westen das Ionische Meer. Oliven-, Feigen- und Mandelbäume prägen neben Wein-, Obst- und Gemüsegärten das Bild der im Inneren eher kargen Landschaft, die allerdings an den Küsten von ganz besonderem Reiz ist. Kunstfreunde können sich im **Salento** ganz und gar barocken Genüssen hingeben. Das trifft auf zahlreiche kleine Orte der Halbinsel zu, im besonderen aber auf die unvergleichliche **Provinzmetropole Lecce**. Die Zeugnisse der römischen Vergangenheit, Überreste aus normannischer Zeit und neoklassizistische Gebäude verblassen im Zentrum vor dem überwältigenden Eindruck, den jener in Dekors und verspielten Details schwelgende Baustils des 17. Jahrhunderts beim Betrachter hinterläßt. In **Ótranto** wiederum begeistert ein riesiges Fußbodenmosaik in der Kathedrale, ein mittelalterliches Bibel-Bilderbuch aus winzigen Steinen.

TOPTEN 10

Einer Theaterkulisse gleich: Die Piazza del Duomo in Lecce bei Nacht versprüht barocke Lebensfreude.

Capo Santa Maria di Léuca

K 11

Die Spitze der Halbinsel, ein mehr als 50 m hoher Kalkfelsen mit einem fast ebenso hohen Leuchtturm, bildet die Wasserscheide zwischen der Adria und dem Ionischen Meer. Als »Ende der Welt« bezeichneten die Alten diesen magischen Ort, an dem schon in der Antike – und wahrscheinlich bereits lange zuvor – den Himmlischen gehuldigt wurde. Wo einst ein Tempel der Göttin Minerva stand, erhebt sich seit Anfang des 18. Jh. die Wallfahrtskirche **Santa Maria di Léuca**, auch Santa Maria de Finibus Terrae genannt. Damit entspricht sie auch im Namen einem anderen, ebenfalls an einem »Ende der Welt« errichteten christlichen Heiligtum an der Nordwestspitze der Bretagne.

Rund um das Kap reihen sich nette kleine Badeorte wie Marina di Léuca, Gagliano del Capo, Torre San Gregorio und Torre Vado mit durchweg preiswerten Quartieren aller Art.

Hotels/andere Unterkünfte

La Grotta
Bungalow- und Campingdorf 7 km nordwestlich von S.M. di Léuca Richtung Gallípoli. 60 000 qm Fläche, Gesamtkapazität für 1200 Gäste.
Marina di Pescoluse
73031 Salve (LE)
Tel. 08 83/71 21 08, Fax 71 21 12
380 Zeltplätze, 45 Bungalows verschiedener Größen
(EC, Visa)

Essen und Trinken

Re Sole
Gepflegtes Restaurant mit klassischer lokaler und nationaler Küche.
SS 275 bei Km 36
Gagliano del Capo (LE)
Tel. 08 83/54 80 57
Mo (außer Juli und Aug.) geschl.
Mittlere Preisklasse (AE, DC, EC, Visa)

Wer möchte nicht einmal ans Ende der Welt reisen? In Capo Santa Maria di Léuca, auch als »Ende der Welt« bezeichnet, ist das möglich.

Castro

K 10

2500 Einwohner

Reizender Fischer- und Badeort mit einem alten Stadtkern und einem von Ringmauern umgebenen Kastell (1480) hoch über der Küste. Er zählt zu den schönsten Apuliens und wurde wegen seiner hohen Wasserqualität mit dem Blauen Band der EU ausgezeichnet. Von Castro Marina aus kann man mit Booten die vielen Grotten besichtigen, die zum Teil in vorgeschichtlicher Zeit besiedelt waren.

Hotels/andere Unterkünfte

Degli Ulivi
Ansprechendes Haus im Mittelmeerstil in schöner Panoramalage am Meer.
Litoranea S. Cesarea Terme
73030 Castro Marina (LE)
Tel. 08 36/94 30 37, Fax 94 30 84
33 Zimmer
Untere Preisklasse (AE, DC, EC, Visa)

Panoramico
Der Name des kleinen Hotels sagt bereits alles: Vor den Fenstern breitet sich eine Traumküste aus.
Via Panoramica
73030 Castro Marina (LE)
Tel. 08 36/94 31 23, Fax 94 30 76
30 Zimmer
Untere Preisklasse (AE, EC, Visa)

Piccolo Mondo
Gemütliches Haus in ruhigem Terrassengarten mit schönen Zimmern und Suiten.
Litoranea S. Cesarea Terme 238
73030 Castro Marina (LE)
Tel. 08 36/94 70 35, Fax 94 71 39
40 Zimmer
Mai–Sept. geöffnet
Mittlere Preisklasse (AE, EC, Visa)

Sehenswertes

Grotta Romanelli
Eines der bedeutendsten prähistorischen Denkmäler Italiens mit Resten von Felszeichnungen und den wahrscheinlich ersten Darstellungen von Menschen. Die Besichtigung ist nur nach vorheriger Anmeldung möglich (Tel. 08 36/94 42 03).

Grotta Zinzulusa
Die riesige Grotte ist voll von bizarren Tropfsteingebilden – und Fledermäusen.
Dez., Jan. tgl. 10–15, März–Okt. 9–20 Uhr, Nov. und Feb. geschl.

Essen und Trinken

Aragosta
Mit Blick auf das Wasser verspeist man hier köstlichen Fisch und anderes Meeresgetier.
Litoranea per Tricase
73030 Castro Marina (LE)
Tel. 08 36/94 33 47
Im Winter Di geschl.
Mittlere Preisklasse (AE, EC, Visa)

Grotta del Conte
Geräumiges Lokal, im Sommer Service auf der Terrasse im Grünen.
Via Duca del Mare
73030 Castro Marina (LE)
Tel. 08 36/94 38 59
Im Winter Mi geschl.
Mittlere Preisklasse (AE, DC, EC, Visa)

Service

Auskunft

Pro Loco
Via Panoramica 30
73030 Castro Marina (LE),
Tel. 08 36/94 73 17

Gallípoli

▪ I 10

20 000 Einwohner

Die im Laufe ihrer bewegten Geschichte mehrmals zerstörte »schöne Stadt« – so der Name im Griechischen – hat sich ein von hohen Mauern umgebenes intaktes Zentrum an der Spitze der weit ins Meer ragenden Landzunge bewahrt. Südländische Gelassenheit bestimmt die Atmosphäre des kleinen Städtchens. Inmitten des engen Häusergewirrs erheben sich ein auf einer byzantinischen Festungsanlage im 15./16. Jh. errichtetes **Kastell,** die **Kathedrale Sant'Agata** mit barocker Fassade und reichem Bilderschmuck im Inneren sowie mehrere Barockpaläste von höchst unterschiedlichem Bauzustand. Vor der zur Altstadt führenden Brücke erblickt man die **Fontana Ellenistica**, einen 1560 unter Einbeziehung dreier Reliefs aus hellenistischer Zeit aufgestellten Brunnen.

Hotels/andere Unterkünfte

Camping Internazionale Riva di Ugento
Der schöne Platz in einem 320 000 qm großen Pinienhain am Meer liegt rund 30 km südlich von Gallípoli. Den Gästen stehen Restaurant und Pizzeria, Supermarkt, Boutiquen, zwei Pools und verschiedene Sportmöglichkeiten zur Verfügung. Wohnwagen können gemietet werden.
Riva di Ugento
73059 Ugento (LE)
Tel. 08 33/93 36 00

Info außerhalb der Saison:
Largo Brancaccio 63
00184 Roma
Tel. 06/4 87 28 23, Fax 4 87 27 79
Mitte Mai–Ende Sept. geöffnet
(EC, Visa)

Grand Hotel Costa Brada
Das freundliche Strandhotel liegt 5 km außerhalb des Zentrums im Grünen.
Loc. Baia Verde, Litoranea S. Maria di Léuca
Tel. 08 33/20 25 51, Fax 20 25 55
89 Zimmer
Mittlere/Obere Preisklasse (AE, DC, EC, Visa)

Le Sirenuse
Modernes Ferienhotel in einer schattigen Pineta am Meer.
Loc. Baia Verde, Litoranea S. Maria di Léuca
Tel. 08 33/20 25 36, Fax 20 25 39
120 Zimmer
Mittlere Preisklasse (EC, Visa)

Essen und Trinken

Marechiaro
Traditionsreiches Fischrestaurant in Gallípoli mit schöner Terrasse.
Lungomare Marconi
Tel. 08 33/26 61 43
Di außerhalb der Saison geschl.
Mittlere/Obere Preisklasse (AE, DC, EC, Visa)

Da Olga
Sympathische Trattoria mit einfacher, aber schmackhafter Meeresküche und süffigen lokalen Weinen.
Viale Bovio 2
Tel. 08 33/26 19 82
Mo (nur außerhalb der Saison) geschl.
Untere Preisklasse (keine Kreditkarten)

Service

Auskunft

Pro Loco
Corso Roma 211
73014 Gallípoli (LE)
Tel. 08 33/47 62 90

Lecce ▒ I 9

100 000 Einwohner
Stadtplan → S. 79

Zugegeben, man muß Barock lieben, um sich für die Provinzhauptstadt im Herzen des italienischen Stiefelabsatzes begeistern zu können. Doch wer den zu Stein gewordenen Überschwang einer Epoche schätzt, wird in der Metropole der salentinischen Halbinsel voll auf seine Rechnung kommen. Die euphorischen Attribute reichen vom »barocken Athen« über »Florenz des Barock« bis zu »Salzburg des Südens«, präsentiert sich doch die gesamte Stadt als ein Gesamtkunstwerk des späten 16. sowie des 17. und 18. Jh.

Ob Patrizierpaläste oder Kathedrale, ob Bürgerhäuser oder Kirchen, unübersehbar verewigten sich hier im Kleinen wie im Großen die besten

TopTen 6

Steinmetze ihrer Zeit. Aus dem weichen, goldfarbenen Kalk des Salento, der **pietra leccese**, meißelten sie mit Girlanden geschmückte Friese aus geschwungenen Fassaden, auf denen sich Engelchen und Dämonen ein Stelldichein geben. Scheinbar schwerelos schweben verspielte Steinschnitzereien über den Köpfen lächelnder Karyatiden, bewacht von furchterregenden Fratzen, die alles Böse von der Schwelle in das nicht minder prächtig ausgestattete Innere fernhalten sollen.

Von überschäumender Lebenslust, wie sie nur im Frieden möglich ist, erzählt dieser Überschwang, vom Wohlstand der Bürger und vom Reichtum des Adels und der Kirche.

Der Dreißigjährige Krieg hatte das Königreich Neapel nicht berührt, weshalb das süditalienische Barock auch nicht als architektonische Machtdemonstration der Gegenreformation herhalten mußte. Hier im Süden konnte sich der architektonische Zeitgeschmack ungehemmt als Ausdruck jubelnder Freude und Gottespreisung entfalten.

Daß Lecce freilich nicht erst im Barock aus dem Nichts entstanden ist, davon zeugen unter anderem noch die Reste eines römischen Amphitheaters und eines kleinen Bühnentheaters aus der Kaiserzeit. »Lupiae« – Wölfin – hatten die Römer das von ihnen im 3. Jh. v. Chr. eroberte »Sybar« umgetauft und der Stadt damit ihr bis heute voll Stolz getragenes Wappentier geschenkt. Nach dem Untergang des weströmischen Reiches (476) verlor sie weitgehend an Bedeutung, erst die Normannen bescherten dem nunmehr Litium genannten Zentrum der »Terra di Ótranto« einen neuerlichen Aufschwung.

Hotels/andere Unterkünfte

Cristal östlich ▒ c 1
Modernes, komfortables Haus. Gut geeignet für Kongresse, beste technische Ausstattung.
Via Marinosci 16
Tel. 08 32/37 23 14, Fax 31 51 09
68 Zimmer
Mittlere Preisklasse (AE, DC, EC, Visa)

Grand Hotel ▒ a 3
Traditionsreiches Haus mit dekorativen Jugendstilelementen und Dachgarten-Restaurant.
Via O. Quarta 28
Tel. 08 32/30 94 05, Fax 30 98 91
70 Zimmer
Untere/Mittlere Preisklasse (AE, DC, EC, Visa)

President ▒ c 2
Repräsentatives Großhotel in Zentrumsnähe.
Via Salandra 6
Tel. 08 32/31 18 81, Fax 37 22 83
154 Zimmer
Mittlere/Obere Preisklasse (AE, DC, EC, Visa)

Spaziergang

Weithin sichtbar markiert die aus Brindisi verschleppte zweite Endsäule der Via Appia – die mit Lecces Stadtpatron geschmückte **Colonna di San Oronzo** – den gleichnamigen Hauptplatz mit dem **Römischen Amphitheater** und der gegenüberliegenden Kirche **Santa Maria delle Grazie** aus dem 16. Jh. Rund um die Piazza San Oronzo gruppieren sich weitere wichtige Sehenswürdigkeiten aus der Renaissance, wie das unter Karl V. errichtete **Castello** (Kastell), der **Palazzo del Seggio**, ehemals Sitz des Rathauses, sowie die kleine **San Marco-Kirche.**

Die Welt des Barock beginnt mit der **Theatinerkirche S. Irene** am Corso Vittorio Emanuele, der direkt zur Piazza Duomo führt. An den **Dom** schließen der **Palazzo Vescovile** (Bischofspalast) und der **Palazzo del Seminario** (Seminarpalast) mit einem sehenswerten Brunnen im prachtvollen Innenhof an.

Vom Domplatz führt die Via Palmieri schnurgerade zur **Porta Napoli,** dem zu Ehren Karls V. erbauten Stadttor. Zurück Richtung Kastell geht es über die Via Principe di Savoia. Barockstil in seiner verspieltesten Form findet sich auf Schritt und Tritt in diesem Viertel. Einen kleinen Abstecher zur Jesuitenkirche **Il Gesù** mit ihrer herrlich bemalten Decke sollte man noch machen, bevor man auf der **Piazza San Oronzo** in einem der Cafés eine kleine Pause einlegt. Montags und freitags wird hier ein Markt abgehalten.

Sehenswertes

Anfiteatro b 2
Mit den Ausmaßen 102 x 83 m und einem Fassungsvermögen von etwa 25 000 Sitzplätzen besitzt das erst 1938 freigelegte römische Amphitheater aus dem 2. Jh. n. Chr. eine mittlere Größe, vergleichbar etwa mit der Anlage von Verona.

Basilica di Santa Croce b 2
Die 1582 geweihte, jedoch erst 1695 vollendete Kirche zum Heiligen Kreuz stellt mit dem anschließenden Kloster – und nachmaligen Palazzo Governo – alle anderen Sakralbauten in den Schatten. Begonnen wurde die Basilika 1549 von dem Architekten Gabriele Riccardi. Doch war es wieder einmal die Baumeisterfamilie Zimbalo, die Lecceser Barock in höchster Vollendung schuf. Besonders eindrucksvoll ist die Fassade mit ihren reichen und phantasievollen Dekorationselementen in ihrem mittleren und oberen Teil.

Castello b 2
Das vom Habsburger Karl V. auf normannischen Grundmauern in nur zehnjähriger Bauzeit errichtete Kastell sollte als Bollwerk gegen die im Apulien des 16. Jh. allgegenwärtige Türkengefahr dienen.
Viale XXV Luglio
Tgl. 7.30–14 und 16–20 Uhr, So geschl.

Chiesa SS. Nicolò e Cataldo a 1
Der einzige Sakralbau aus der Normannenzeit, von Tankred, Graf von Lecce, 1080 gestiftet und auf dem Friedhof außerhalb der Stadtmauern errichtet, wurde 1716 behutsam barockisiert. Vor allem bei der Neugestaltung der Westfassade verfiel der mit dem Umbau beauftragte Baumeister Giuseppe Cino auf die geniale Idee, die romanische Fassade einfach mit neuen Skulpturelementen zu überblenden. Im Inneren verdienen die vom Neapolitaner Bernardo Lama im 16. Jh. geschaffenen Gemälde an den Seitenaltären (Darstellungen der Heiligen Benedikt, Nicolò und Cataldo) sowie die einige Jahrzehnte älteren Freskenreste (hl. Franziskus) im Chorraum Beachtung.
Nur nach der Messe am Sonntag von 8–9 Uhr zu besichtigen.

Duomo Santa Maria dell' Assunta a 2
Besonders prunkvoll sind die Seitenfassade und der hohe, sich verjüngende Campanile ausgefallen. Auch im Inneren zeigte der Barockbaumeister Giuseppe Zimbalo, genannt Zingarello, bei der Mitte des 17. Jh. erfolgten Umgestaltung der aus dem frühen 12. Jh. stammenden Kathedrale sein exzellentes Gefühl für Proportionen und Harmonie.

Palazzo Vescovile a 2
Der Bischofspalast mit seiner prachtvollen, die gesamte Fassade einnehmenden Loggia zählt unbestritten nicht nur zu den großartigsten Barockbauten Apuliens, gemeinsam mit der strengen Außenfront des **Seminario** (Priesterseminar) komplettiert der 1632 errichtete Palazzo das hinreißend schöne Ensemble des Domplatzes. Im Zentrum des Seminarhofes steht ein zauberhafter, reichlich dekorierter Brunnen.

Die Basilica di Santa Croce in Lecce hält kein Maß: Ungezügelter Formenreichtum macht dem süditalienischen Barock alle Ehre. Ein Fest der Sinnenfreude.

Museen

Museo Provinciale Sigismondo Castromediano ■ a 3/b 3
Allein schon der Schauplatz ist einen Besuch wert: Die nach modernen Kriterien präsentierten Sammlungen des Provinzmuseums sind im **Palazzo Argento**, dem ehemaligen Jesuitenkolleg, untergebracht. Zu sehen sind antike Fundstücke aus dem Salento wie attische Vasen und Bronzen sowie Plastiken aus dem römischen Theater von Lecce.
Viale Gallípoli 28
Mo–Fr. 9–13.30 und 14.30–19.30, So 9–13.30 Uhr, Sa nur bei Sonderausstellungen 9–13.30 Uhr

Essen und Trinken

Barbablù ■ b 2
Mit viel Phantasie weiterentwickelte klassische apulische Speisen werden in historischem Ambiente stilvoll serviert.
Via Umberto I 7
Tel. 08 32/24 11 83
So abends, Mo und im Aug. geschl.
Mittlere/Obere Preisklasse (AE, DC, EC, Visa)

I Tre Moschettieri ■ b 3
Die drei Musketiere warten im Stadtzentrum mit einer rundum fein abgestimmten apulischen Küche auf; im Sommer Gartenbetrieb.
Via Paisiello 9/A
Tel. 08 32/30 84 84
So und Ende Dez. geschl.
Mittlere Preisklasse (DC, EC, Visa)

Satirello südwestlich ■ a 3
Ein gepflegtes Restaurant in einem alten Gutshof knapp 10 km außerhalb des Zentrums; hervorragende Meeresfrüchte in allen Varianten.
Strada Lecce – Torre Chianca bei Km 9
Tel. 08 32/37 86 72
Di geschl.
Untere/Mittlere Preisklasse (AE, EC, Visa)

Einkaufen

Maglio Arte Dolciaria ■ b 2
Eine der ältesten Konditoreien der Stadt, in der ganzen Region berühmt für ihre mit Schokolade überzogenen Mandelplätzchen.
Via Templari 16

MERIAN-TIP

Leben und Tod dicht beieinander Um die Lebenden zu verstehen, muß man – vor allem im Süden Italiens – zu den Verstorbenen gehen. Bei den nicht selten mehrstöckigen Grabhäusern laufen nämlich die Fäden Jahrtausende alter Totenkulte der mediterranen Welt zusammen. So ehrt man beispielsweise seine Ahnen, indem man an ihren persönlichen Festtagen sowie zu Allerheiligen mit Kind, Kegel und Picknickkörben zu ihrer letzten Ruhestätte pilgert. Diese Sitte kann man bei einem der eindrucksvollsten Friedhöfe des Mezzogiorno finden, rund um die Kirche SS. Nicolò e Cataldo von Lecce. ■ a 1

Service

Auskunft

AAST ■ c 2
Via Zanardelli 66
73100 Lecce
Tel. 08 32/31 64 61, Fax 31 64 62

E.P.T. (Tourismusbüro der Provinz) ■ c 2
Via Monte S. Michele 20
73100 Lecce
Tel. 08 32/31 41 17, Fax 31 48 14

Informationsbüro im Schloß ■ b 2
Tel. 08 32/24 80 92

Nardò ■ I 9

32 000 Einwohner

Die nach Lecce größte Stadt des Salento ohne touristische Infrastruktur ist ein wichtiges Handelszentrum und glänzt mit beeindruckenden Barockbauten.

Sehenswertes

Cattedrale
Von den Benediktinern im Jahre 1090 gegründet, durch ein Erdbeben 1230 zerstört und in den folgenden Jahrhunderten wiederaufgebaut, stellen die prachtvolle Fassade und das Innere der Kirche typische Beispiele für den salentinischen Barock dar.

Piazza Antonio Salandra
Ein Paradebeispiel für eine harmonische Platzanlage. Unter den schönen Barockpalästen ist der **Palazzo della Pretura** mit Loggia und Laube hervorzuheben. In der Mitte steht die 30 m hohe Barocksäule der **Madonna Immacolata**.

Service

Auskunft

Pro Loco
Via Osanna 99
73048 Nardò (LE)
Tel. 08 33/37 43 49

Die exotische Villa in Nardò bestricht durch islamisierende Elemente an der Fassade.

Ótranto

K 10

5200 Einwohner

Das von den Türken 1480 in der östlichsten Stadt Italiens – nur 80 km trennen sie von Albanien – angerichtete Massaker liegt der Bevölkerung nach wie vor buchstäblich in den Knochen. In der **Capella dei Martiri** der **Cathedrale Santa Maria Annunziata** sind hinter riesigen Glaswänden die Gebeine jener 800 Bürger zu sehen, die in der Kirche Schutz suchend, von den Angreifern niedergemetzelt worden waren. Schon die Griechen und später die Römer hatten an diesem strategisch exponierten Ort mit seinem natürlichen Hafen Ansiedlungen unterhalten, im Mittelalter stellte Ótranto ein wichtiges Zentrum der byzantinschen Kultur dar. Unter den Normannen entstand nicht nur die Kathedrale als Vorbild für alle weiteren Sakralbauten dieser Zeit, auch der Hafen nahm als maritimer Ausgangspunkt von Kreuzzügen und als Handelsbrücke zwischen Venedig und Kleinasien an Bedeutung zu. Nach dem Türkenüberfall erhielt die Stadt mächtige Festungsbauten.

Hotels/andere Unterkünfte

Albania
Winziges, familiär geführtes Hotel in zentraler Lage.
Via S. Francesco di Paola 10
Tel. 08 36/80 11 83
10 Zimmer
Untere Preisklasse (AE, EC, Visa)

Degli Haethey
Moderner Neubau in ruhiger Wohngegend, elegante Ausstattung, gutes Restaurant.
Via F. Sforza 33
Tel. 08 36/80 15 48, Fax 80 15 76
21 Zimmer
Mittlere Preisklasse (AE, DC, EC, Visa)

Valle dell'Idro
Ansprechendes, modernes Haus mit schönem Garten, Panoramablick und eigenem Restaurant.
Via G. Grasso 4
Tel. 08 36/80 44 27, Fax 80 44 32
27 Zimmer

Das Fußbodenmosaik von Ótranto ist ein kleines Wunder. Gestalten aus der Sage und Bibel erwachen zum Leben.

April bis Okt. geöffnet
Untere/Mittlere Preisklasse (AE, DC, EC, Visa)

Nördlich von Ótranto gibt es zwei große **Ferien-Clubanlagen:**
Valtur
Serra degli Alimini
Tel. 08 36/80 52 06, Fax 80 51 09
Club Méditerranée
Torre Santo Stefano K 9
Tel. 08 36/80 56 05, Fax 80 56 00

Sehenswertes

Cattedrale Santa Maria Annunziata
Bohemund, der Sohn des Normannenfürsten Robert Guiscard, legte nach der Vertreibung der Byzantiner um 1080 den Grundstein für den Bau. Ende des 15. Jh. erfolgte die Erneuerung der von den Türken teilweise zerstörten Kathedrale, die barocke Innenausstattung des 17. und 18. Jh. hat man in jüngster Zeit wieder entfernt.

Barock blieb lediglich das Portal. Das gewaltige Fußbodenmosaik, ein Werk des Priesters Pantaleone (12. Jh.), das sich vom Westportal bis zur Apsis erstreckt, zeigt alttestamentarische Szenen, vermischt mit Darstellungen von Tieren und Sagengestalten. Ein phantasievoller Bilderbogen des Lebens.

TopTen 9

Chiesa San Pietro
Die einzige unverändert erhalten gebliebene byzantinische Kreuzkuppelkirche (10./11. Jh.) schmücken kostbare Fresken.

Essen und Trinken

Acmet Pascià
Friedlich geht es heute in dem nach dem Türkenführer von 1480 benannten Lokal zu, in dem man von einer schönen Terrasse aufs Meer blickt.
Lungomare degli Eroi
Tel. 08 36/80 12 82
Im Winter Mo und Ende Okt./Anfang Nov. geschl.
Mittlere Preisklasse (AE, DC, EC, Visa)

Da Sergio
Eine grüne Ecke im Herzen der Altstadt, in der man frische Meeresfrüchte serviert.
Corso Garibaldi 9
Tel. 08 36/80 14 08
Im Winter Mi und im Feb., Nov. geschl.
Mittlere/Obere Preisklasse (AE, Visa)

Service

Auskunft

AAST
Via Rondaghi 8
73028 Ótranto
Tel. 08 36/80 14 36

Ziel in der Umgebung

Santa Cesárea Terme K 10

3000 Einwohner

Der kleine Thermalkurort in schöner Lage am Meer – empfehlenswert gegen Rheuma und Erkrankungen der Atemwege – hat wohl schon bessere Zeiten gesehen. Doch gerade der verblichene Glanz der alten Villen und Badeanlagen macht einen Großteil des Charmes dieser Oase der Ruhe aus.

Service

Auskunft

AAST
Via Roma 209
73020 Santa Cesárea Terme (LE),
Tel. 08 36/94 40 43

Das Orakel verhieß Taras, der Tochtersiedlung Spartas, eine glorreiche Zukunft. Für die »Jungfernkinder« erfüllte sich jene Prophezeiung auf ungewöhnliche Weise.

Tatsächlich stand eine Peinlichkeit, über die sich die gesamte griechische Welt amüsierte, für die Stadtgründung Tarents Pate. Während Spartas Männer um die Mitte des 8. Jahrhunderts v. Chr. jahrzehntelang Krieg führten, vergnügten sich ihre Frauen mit den daheimgebliebenen Sklaven. Das Ergebnis waren Nachkommen, die es eigentlich nicht geben durfte. Da die biologischen Väter nicht als vollwertige Menschen galten, bezeichnete man die offensichtlich ohne männliche Beteiligung gezeugte Generation als »Partheniae« – Jungfernkinder. Das glaubte natürlich keiner, und deshalb sollte der unerwünschte Nachwuchs aus Sparta verschwinden. Den zur Auswanderung Gezwungenen verdankt Taras, benannt nach einem Sohn des Meergottes Poseidon, seine Existenz. Bald drei Jahrtausende später gibt es für Reisende weit mehr Gründe, die Provinz Tarent im Hinterland des weitgeschwungenen Golfs aufzusuchen, als die gleichnamige Hauptstadt selbst. Zu den Attraktionen zählen abenteuerliche Schluchten, versteckte Höhlenkirchen und Trulli-Land, das sich Tarent allerdings mit den Provinzen Bari und Brindisi teilen muß.

Weiße Zipfelmützen – Trulli genannt – ragen aus der Landschaft.

Tarent (Táranto) ■ G 8

250 000 Einwohner
Stadtplan → Umschlag Rückseite

Im 8. Jahrhundert v. Chr. von Spartanern gegründet, gab sich der griechische Stadtstaat alles andere als »spartanisch«. Im Gegenteil, die Niederlassung erwuchs bald zu einer der luxuriösesten Metropolen in Magna Graecia.

Nicht zuletzt begründete sich der Reichtum Tarents auf die schier unerschöpflichen Mengen an Purpurschnecken, die zu Abermillionen aus dem glasklaren Wasser des gleichnamigen Golfs geholt und als kostbare **Farbstofflieferanten** in die gesamte antike Welt exportiert wurden.

Heute ist davon nichts mehr zu sehen. Das Erbe einer der großartigsten Städte der Antike wäre ohne den zufällig bei Grabungsarbeiten gefundenen **Goldschatz**, den das Archäologische Museum beherbergt, heutzutage nicht einmal einen Kurzbesuch wert. Auch die um Tarent gefundenen Tanagra-Figuren, die Kapriolen schlagen und liebestrunken von einer anderen Zeit Tarents erzählen, sind eine nähere Betrachtung wert. Heute vergiften riesige Stahlwerke und Raffinerien die Luft, und extrem hohe Arbeitslosigkeit trägt Schuld an einer erschreckenden **Kriminalitätsrate**. Die auf einer Insel liegende Altstadt ist längst zu einem Slum schlimmsten Ausmaßes verkommen, weshalb von einem Spaziergang dringend abgeraten werden muß. Selbst bei einer Rundfahrt mit dem Auto darf man nicht allzu sorglos sein. Scheiben sind nämlich auch während der Fahrt schnell eingeschlagen, wenn die flinken Diebe auf ihren Mofas irgend etwas Stehlenswertes erspähen. Deswegen begnüge man sich mit einer Besichtigung von Dom und Museum.

Sehenswertes

Castello Sant' Angelo ■ b 2/c 2
Das Aragonesen-Kastell (15. Jh.) erhebt sich im Südosten der Altstadtinsel, wo eine Drehbrücke (Ponte Girevole) den schiffbaren Kanal überspannt, der das »Große Meer« (Mar Grande) mit dem »Kleinen Meer« (Mar Piccolo) verbindet. Im 19. Jh. diente Tarents »Engelsburg« als Gefängnis, heute als Sitz des Marinekommandos. Dort findet sich auch die einzige Erinnerung an die Antike: zwei Säulen des dorischen Neptuntempels.

Duomo San Cataldo ■ a 2
Eine Barockfassade ziert den ältesten normannischen Kirchenbau Apuliens (11. Jh.) im Zentrum der Altstadt. Das Langhaus (11.Jh.) wurde an den früher entstandenen byzantinischen Kirchenbau 1073 angebaut. Römische, byzantinische und romanische Kapitele zieren die Säulen des dreischiffigen Innenraums mit seiner prachtvollen Kassettendecke und der üppig ausgestatteten Kapelle des Stadtpatrons (Capella di S. Cataldo) im rechten Seitenschiff aus dem 17. Jh. Unter dem Chorraum öffnet sich die Krypta (10./11. Jh.).

Museum

Museo Archeologico Nazionale (Archäologisches Nationalmuseum Tarent) ■ c 2
Höhepunkt der hervorragend sortierten Sammlungen, die einen Querschnitt der Kultur Großgriechenlands bieten, ist der als **»Gold von Tarent«** berühmt gewordene Schmuck aus der hellenistischen Epoche, dem »Rokoko« des Altertums: Die filigranen, fein ziselierten Diademe, Ohrringe, Armreifen, Ketten und Ringe von zeitloser Schön-

TOPTEN 5

Das Kunsthistorische Museum in Tarent birgt die vielfältigsten Tanagra-Figuren.

heit erzählen von der Eleganz des antiken Taras, aber auch von der sich bereits ankündigenden Götterdämmerung der griechischen Welt. Überschäumende Lebenslust, und die leise Wehmut einer Endzeitstimmung, steckt auch in den Terrakottaskulpturen in Miniaturgröße.
Corso Umberto I. 42
Mo–Sa 9–13.30 und 14.30–19 Uhr (im Sommer), So und an Feiertagen 9–22 Uhr; tgl. 9–14 Uhr (im Winter)

Service

Auskunft

E.P.T. d 1/d 2
Corso Umberto I 121
74100 Táranto
Tel. 0 99/4 53 23 97

Informationsbüro d 1/d 2
Corso Umberto I 113
Tel. 0 99/4 53 23 92

Ziel in der Umgebung

Castellaneta/Castellaneta Marina

F 7/F 8

17 000 Einwohner

Er brach die Herzen der stolzesten Frauen – doch seine Wurzeln kannte keine: Rodolfo Valentino (1895–1926), der Inbegriff **des** schönen Mannes im Hollywood der zwanziger Jahre, begann sein Leben buchstäblich am Abgrund. Tatsächlich klammern sich die Häuser seines Geburtsortes 20 km nordwestlich von Tarent an den Rand einer 145 m tiefen Schlucht.

In dieser dramatischen Landschaft hält seit 1961 ein überlebensgroßer Beduinenscheich am Straßenrand Wache. Mit der Keramikskulptur in leuchtendem Blitzblau, die Valentino in seiner berühmtesten Filmrolle zeigt, sowie einem kleinen Museum ehrt das sonst eher uninteressante Städtchen seinen berühmtesten Sohn. Wer eine Nacht bleiben möchte, sollte sich im 18 km weit entfernten Castellaneta Marina eine Bleibe suchen.

Hotels/andere Unterkünfte

Jonico
Moderner Hotelbau mit allem notwendigen Komfort sowohl für Urlauber wie für Geschäftsreisende.
Borgo Perrone, SS 106 bei Km 464
74010 Castellaneta Marina (TA)
Tel. 0 99/8 43 30 82, Fax 8 43 31 82
49 Zimmer
Untere Preisklasse
(AE, DC, EC, Visa)

Riva dei Tessali Golf Hotel
Ruhige Lage in einem großen Park, Haus in mediterranem Stil mit komfortabler Einrichtung.
Loc. Riva dei Tessali

74010 Castellaneta Marina (TA)
Tel. 0 99/8 43 92 51, Fax 8 43 92 55
70 Zimmer
Mitte Juni bis Mitte Sept. geöffnet
Obere Preisklasse (AE, DC, EC, Visa)

Museen

Museo Rodolfo Valentino
Erinnerungsstücke an einen Mann, der mit seiner sensationellen Karriere für seine Landsleute den Traum von einer besseren Zukunft in der Neuen Welt verkörpert hat.
Via Municipio
74011 Castellaneta (TA)
Tgl. 10–13 und 16–19 Uhr,
Mo geschl.

Service

Auskunft

Pro Loco
Via Alessandro d' Acquisto 11
74011 Castellaneta (TA)
Tel. 0 99/8 44 10 02

Grottáglie ■ G 8

31 000 Einwohner

Keramiken, Keramiken und sonst – fast – nichts: Bis auf das in Apulien geradezu obligate Duo – romanische Kirche und mittelalterliches Kastell – beherbergt das in eine liebliche Landschaft 20 km nordöstlich von Tarent eingebettete Städtchen keine kunsthistorischen Schätze. Dementsprechend gibt es auch keine touristische Infrastruktur. Liebhaber kunstvoll gearbeiteter Töpfereiwaren finden dafür ein wahres Dorado vor. Vom kleinsten Handwerksladen bis zu den größten Fabriken produzieren insgesamt 42 Betriebe Gebrauchs- und Zierkeramiken von hohem Niveau – unter anderem die braun glasierten »Vasen von Grottáglie« (→ S. 25).

Service

Auskunft

Pro Loco
Via Nazario Sauro 4
74023 Grottáglie (TA)
Tel. 0 99/8 63 50 19

MERIAN-TIP

Grundkurs Keramikherstellung Wer mehr über das älteste Kunsthandwerk der Menschheit erfahren möchte, kann den **Töpfern von Grottáglie** bei ihrer Arbeit über die Schulter schauen. Im sogenannten Keramikviertel, unterhalb der Castello-Ruine, findet man die Werkstätten in mitunter langen Tuffsteingrotten. Alle großen Keramikhersteller ermöglichen – ohne Voranmeldung und ohne Kaufzwang – Gruppenführungen, aber auch einzelne Interessenten sind als »Zaungäste« jederzeit willkommen. ■ G 8

Martina Franca

G 7

45 000 Einwohner

Allein schon der Name der höchstliegenden Stadt der südlichen Murge (431 m) verrät viel von ihrer bewegten Vergangenheit: Die erste Ansiedlung entstand im 10. Jh., als die Einwohner Tarents vor einem Sarazenenüberfall Schutz auf dem Monte San Martino suchten. Der Beiname »Franca« entstammt der Wirtschaftspolitik des 14. Jh.: Philipp von Anjou garantierte allen Neuansiedlern wirtschaftliche Freiheiten (franca = frei). Im 17. und 18. Jh. avancierte der Höhenort zur Sommerfrische des apulischen Adels, wovon die zahlreichen Barockpaläste erzählen.

Hotels/andere Unterkünfte

Dell'Erba
Traumhaft schöne Lage im Grünen, hervorragend ausgestattete Zimmer, viele Sportmöglichkeiten.
Viale dei Cedri 1
Tel. 0 80/4 30 10 55, Fax 4 30 16 39
49 Zimmer
Mittlere Preisklasse (AE, DC, EC, Visa)

Park Hotel San Michele
Zentrale Grünlage, schöne Zimmer, guter Service.
Viale Carella 9
Tel. 0 80/4 80 70 53, Fax 4 80 88 95
85 Zimmer
Mittlere Preisklasse (AE, DC, EC, Visa)

Sehenswertes

Chiesa San Martino
Die Kirche des Stadtpatrons wurde 1747 bis 1775 im überschwenglichen Barockstil des Südens über den Resten eines Vorgängerbaus aus dem 15. Jh. errichtet, von dem noch der Campanile erhalten geblieben ist.

Palazzo Ducale
Das von Bernini entworfene, mit 300 Räumen ausgestattete und niemals vollendete Barockpalais der Herzöge Caracciolo dient heute als Rathaus. Im Hof werden die Veranstaltungen des internationalen Musikfestivals (Juli/Aug.) abgehalten.

Essen und Trinken

La Rotonda
Restaurant-Pizzeria im Grünen, im Sommer Gartenbetrieb.
Villa Comunale Garibaldi
Tel. 0 80/4 80 83 38
Di und im Jan. geschl.
Untere Preisklasse (AE, DC, EC, Visa)

Trattoria delle Ruote
Uriges Trullo-Lokal mit deftigen bodenständigen Speisen.
Via Monticello 1
Tel. 0 80/4 83 74 73
Mo geschl., keine Betriebsferien
Untere/Mittlere Preisklasse (keine Kreditkarten)

Einkaufen

Monti del Duca
Stefano Caroli gilt als einer der führenden Olivenöl-Produzenten Italiens.
Contrada Trazzonara 526

Da Ricci
Alter Fleischerladen mit exzellenten Würsten.
Via Cavour 19

Service

Auskunft

AAST
Piazza Roma 37
74015 Martina Franca (BA)
Tel. 0 80/4 30 57 02

Massafra

G 8

30 000 Einwohner

Theoretisch hat der über die Staatsstraße 7 in nur 17 km Entfernung von Tarent erreichbare Ort in dekorativer Lage hoch über einer Schlucht nicht weniger als 28 **Höhlenkirchen** zu bieten. Die Praxis aber belehrt den Durchschnittstouristen, daß ohne amtliche Bewilligung (vormittags im Rathaus einholen) die fünf zu besichtigenden Grottenheiligtümer verschlossen bleiben. Anschließend muß dann noch ein Führer durch die mit byzantinischen Fresken geschmückte Unterwelt aufgetrieben werden. Der Blick auf die im Mitelalter bewohnte Schlucht ist unvergeßlich.

Hotels/andere Unterkünfte

Appia Palace Hotel
Angenehm ruhiges Hotel in schöner Lage und mit komfortabler Ausstattung.
SS Appia bei Km 633
Tel. 0 99/8 85 15 01, Fax 8 85 15 06
76 Zimmer
Mittlere Preisklasse (AE, DC, EC, Visa

Essen und Trinken

La Ruota
Elegantes, geräumiges Lokal im Mittelmeer-Stil mit entsprechender Küche.
Via Barulli 28
Tel. 0 99/8 80 77 10
So abends, Mo und im Aug. geschl.
Mittlere Preisklasse (AE, DC, EC, Visa)

Service

Auskunft

Pro Loco
Piazza Garibaldi 25
74 016 Massafra,
Tel. 0 99/8 80 16 90
Nach telefonischer Vereinbarung Grottenführungen unter der Nummer 0 99/8 80 46 95

Die Mariendarstellung mit Kind auf dem Fresko hat der Cripta della Candelora ihren Namen gegeben. Die Fresken sind alle relativ gut erhalten.

Trulli-Land

G 7

In der lieblichen Landschaft der fruchtbaren Hügel, zwischen den Provinzen Bari, Brindisi und Táranto gelegen, ist der Weg im wahrsten Sinne des Wortes das Ziel: Zartgrüne Weingärten und silbrige Olivenhaine setzen harmonische Farbakzente in das dunkle Rot der Erde. Ein verwirrendes Netz schmaler, von Steinmauern eingefaßter Sträßchen durchzieht Felder und Gärten, zwischen denen die wohl seltsamsten Gehöfte Europas wie sprießender Spargel aus dem sorgsam bestellten Boden ragen. Nicht zur Mittagszeit, sondern im milden Morgen- oder Abendlicht zeigt sich der »Garten Apuliens« mit seinen Zipfelmützenhäusern, den Trulli, von seiner reizvollsten Seite. Hier, im **Valle d'Itria,** liegen die Städte **Alberobello**

TOPTEN 4

und **Locorotondo** dicht an der Grenze zur Provinz Táranto, verwaltungspolitisch gehören sie jedoch noch zu Bari.

Die **Baugeschichte** der nach dem griechischen Wort tholos (= Kuppel) benannten Trulli reicht bis zu den mykenischen Grabstätten zurück. Jahrtausende alt ist auch die Symbolik der Dachbekrönungen und Dekorationen. Die astronomischen Zeichen Kreis, Dreieck und Stern verwendeten bereits die Ägypter, Kreuze, Herzen und Strahlenkränze zur Abwehr böser Mächte kamen erst im Christentum auf.

In seinem Kern besteht ein Trullo aus einer einzigen, auf einem quadratischen Grundriß errichteten Raumzelle, die bis zu einer Höhe von wenig mehr als 1,5 m von senkrechten, dicken Wänden gebildet wird. Den Übergang zur Wölbung ermöglichen quer über die Ecken gelegte Steinbalken, auf denen der geschichtete Kegel ruht.

Ziele in der Umgebung

Alberobello

G 7

11 000 Einwohner

Walt Disney war nie da, und doch vermeint man sich angesichts einer ganzen Stadt aus Zipfelmützenhäuschen in eine seiner Welten versetzt. Nicht weniger als 1070 Trulli drängen sich in zwei Ortsteilen des kleinen Provinzstädtchens dicht aneinander, wobei der älteste Bau aus dem Jahr 1559 datiert. Wie auch die in ihrer Art wohl einzigartige Trullo-Kirche, stammen die meisten Gebäude jedoch aus dem 18. und 19. Jh. Eine Idylle, die allerdings fixe Öffnungszeiten kennt.

Die meisten Einheimischen Alberobellos leben in den modernen Wohnvierteln am Rande der »zona monumentale«, nur tagsüber, wenn sich Touristen busladungsweise durch die geweißten Gäßchen drängen, kehren sie in ihre alten, als Souvenirläden umgestalteten Behausungen zurück.

Hotels/andere Unterkünfte

Colle del Sole
Modern ausgestatteter Familienbetrieb in ruhiger Grünlage.
Via Indipendenza 63
Tel. 0 80/4 32 18 14, Fax 4 32 13 70
37 Zimmer
Untere Preisklasse (AE, DC, EC, Visa)

Dei Trulli
Die kostspielige Variante des Trulli-Wohnens, freilich mit höchstem Komfort.
Via Cadore 32
Tel. 0 80/9 32 35 55, Fax 9 32 35 60
28 Zimmer
Obere Preisklasse (AE, EC, Visa)

Lanzillotta
Gepflegtes kleines Hotel in einem schönen Haus aus dem 19. Jh.
Piazza Ferdinando IV 31
Tel. 0 80/4 32 15 11, Fax 4 32 11 79
27 Zimmer
Untere Preisklasse (AE, DC, EC, Visa)

Essen und Trinken

Il Poeta Contadino
Spitzengastronomie in historischem Ambiente. Internationale Weinkarte.
Via Indipedenza 63
Tel. 0 80/4 32 19 17
Mo und im Jan. sowie Ende Juni/ Anfang Juli geschl.
Obere Preisklasse (AE, DC, EC, Visa)

La Cantina
Gemütliche kleine Trattoria mit traditioneller apulischer Küche. Nur wenige Tische, daher Vorbestellung notwendig!
Vico Lippolis 9
Tel. 0 80/4 32 34 73
Di geschl. (im Winter), Ferien Ende Juni/Anfang Juli
Mittlere Preisklasse (DC, Visa)

Einkaufen

Eine Geschäftsempfehlung erübrigt sich, da alle Läden das gleiche Sortiment zu ebenso gleichen Preisen führen. Lokale Tradition haben Handwebewaren und Klöppelarbeiten, doch Vorsicht vor Kuckuckseiern »Made in Taiwan«.

Service

Auskunft

Pro Loco
Corso Vittorio Emanuele 15
70011 Alberobello (BA),
Tel. 0 80/4 32 19 16

Locorotondo G 7

13 500 Einwohner

Das kreisrund – rotondo – um eine Hügelkuppe angelegte Zentrum verlieh dem Ort – »loco« – den Namen, den sich jeder Kenner italienischer Weine auf der Zunge zergehen läßt. Abgesehen von den Spitzenprodukten apulischer Winzer verdient das Städtchen mit dem hinreißenden Rundblick mehr als nur eine Notiz in Apulienführern.

Im Gegensatz zum nur 8 km entfernten Alberobello hat es sich nämlich dank seiner ganz »normalen«, mit Loggien und blumenumrankten Balkonen geschmückten Häuser, die auf das Trulli-Land herabblicken, seine Seele bewahren können. In Ermangelung nennenswerter Hotels finden sich Touristen zwar ebenfalls nur tagsüber hier ein, doch auch nach Einbruch der Dunkelheit spielt sich in den malerisch geschwungenen Gassen ganz normales süditalienisches Leben ab.

Essen und Trinken

Centro Storico
Einfache Trattoria mit bodenständiger Küche.
Via Eroi di Dogali 6
Tel. 0 80/9 31 54 73
Mi geschl.
Untere Preisklasse (AE, DC, EC, Visa)

Service

Auskunft

Pro Loco
Piazza Vittorio Emanuele 24
70010 Locorotondo (BA)
Tel. 0 80/9 31 10 88

Italiens Sporn – Tavoliere und Gargano

Berge und Ebenen, Flachküsten und steil ins Meer abfallende Felsenklippen, verträumte Städtchen und Touristenorte erlebt man auf dieser abwechslungsreichen Tour im Norden Apuliens.

Manfredónia wurde erst 1256 von einem Sohn Friedrichs II gegründet.

Die Provinzmetropole **Foggia**, eine der Lieblingsstädte Friedrich II., ist Ausgangspunkt und Ziel dieser mehrtägigen Rundfahrt, für die man sich unbedingt genügend Zeit lassen sollte. Nach Besichtigung der pulsierenden Stadt geht es über eine Schnellstraße in Richtung **Manfredónia.** Wenige Kilometer vorher zweigt eine Straße nach **Siponto** ab. Ein kunsthistorisches Muß: die romanischen Kirchen **San Leonardo** und **Santa Maria Maggiore di Siponto** (→ S. 67). Das betriebsame Manfredónia – hier sollte man vor allem dem mächtigen **Stauferkastell** mit seinem **Archäologischen Museum** Beachtung schenken – stellt das Tor zum **Gargano** dar, dem landschaftlich einzigartig schönen Sporn des italienischen Stiefels, dem leider Bausünden an den Küsten arg zugesetzt haben.

Zwischenstopp in den Bergen

Die Felsengrotte birgt angeblich den Fußabdruck des Erzengels.

Ein Abstecher in die Berge führt uns aber zuvor in einen uralten Wallfahrtsort, in dem seit eineinhalb Jahrtausenden gebetet wird: **Monte Sant' Angelo**, das in seiner schlichten Frömmigkeit beeindruckende Grotten-Heiligtum des Erzengel Michael (→ S. 68).

Die Straße führt nun direkt in das Ferienstädtchen **Mattinata** mit seinem pittoresken Strand. Wer hier eine Übernachtung einplant, sollte den Markt morgens im Ortskern besuchen. Von hier aus beginnt die Panoramafahrt rund um den Gargano, ein Wechselbad der Gefühle, schwankt man doch ständig zwischen grenzenloser Begeisterung über die Schönheiten der Natur und ebensolcher Wut über die Rücksichtslosigkeit der Bauspekulanten.

Panoramafahrt die Küste entlang

Vieste ist die größte Stadt an der Küste des Gargano.

Vieste, früher ein mittelalterliches Fischerstädtchen in malerischer Lage auf einer ins Meer vorgeschobenen Felsenklippe, verkommt in der Hochsaison zu einem turbulenten Rummelplatz. Nur noch im Frühjahr und Herbst läßt sich vielleicht noch ein Rest des einstigen Zaubers erahnen, auch angesichts des 26 Meter hohen Kalkmonoliths **Pizzomunno** (→ S. 72), dem Wahrzeichen von Vieste, das sich in Strandnähe aus dem Meer erhebt.

Da hat sich **Pèschici** noch einiges mehr von romantischer Atmosphäre bewahrt, in dem teilweise von Stadtmauern umgebenen historischen Zentrum. Rund um diesen Ort wurden die vielen kleinen Buchten und Strände der Umgebung leider mit Hotels, Feriendörfern und Campingplätzen zugepflastert. Das gilt ebenso für **Rodi Garganico**, einem der Häfen, von denen aus man das Taucherparadies der noch weitgehend unberührten **Trémiti-Inseln** erreichen kann (→ S. 71).

Blaues Meer, so weit das Auge reicht: Vieste wurde zum beliebten Ferienort.

Zu Märchenwald und Stauferschloß

Mitten ins »Herz« des Gargano geht es über die SS 528.

Wir verlassen nun die Küstenstraße, die in weiterer Folge zu den landschaftlich weniger verlockenden Küstenseen **Lago di Varano** und **Lago di Lésina** führt, und wenden uns in das Landesinnere. Über **Ischitella** erreichen wir das Agrarstädtchen **Vico del Gargano** und fahren dann am Rand der **Foresta Umbra**, dem zum Nationalpark erhobenen dichten Waldgebiet und Dorado für Wanderer, nach **San Giovanni Rotondo**, ein dank des 1999 endlich seliggesprochenen Kapuzinermönchs Padre Pio vielbesuchter Wallfahrtsort Süditaliens (→ S. 70).

Nach **San Marco in Lamis**, einem weiteren Ziel frommer Pilger am Gargano, nähern wir uns wieder der Ebene des Tavoliere und der von repräsentativen Barockbauten geprägten Stadt **San Severo**. Über **Castel Fiorentino**, dem Sterbeort Friedrichs II., geht es nach **Lucera** mit dem großartigen Staufer-Schloß, der eindrucksvollen Stadtmauer und dem guterhaltenen historischen Viertel rund um die Kathedrale (→ S. 64). Vor der Rückkehr nach **Foggia** sollte man den kleinen Umweg über das Städtchen **Troia** nicht scheuen, dessen Kathedrale zu den Hauptwerken der apulischen Romanik zählt.

Troia besitzt mit seiner Kathedrale ein Architekturjuwel besonderer Art.

Länge: 330 km
Dauer: 2–3 Tage, ausreichend Übernachtungsmöglichkeiten auf der gesamten Strecke.
Karte: → Klappe vorne

In San Giovanni Rotondo ist ein wahrer Kult um Padre Pio entstanden.

Kastelle und Kathedralen – Teil I

Auf geht's in die Zeitmaschine! Eine faszinierende Reise durch das Mittelalter steht bevor. Apulische Tafelfreuden holen uns wieder in die Gegenwart zurück.

Will man auf den Spuren Friedrichs II., der alles beherrschenden historischen Persönlichkeit Apuliens, wandeln und sich zudem auch nur einen schnellen Überblick über die wichtigsten mittelalterlichen Kathedralen dieses geschichtsgetränkten Bodens verschaffen, so sollte man die Tour teilen, möglichst mit ein paar Tagen Pause dazwischen, um das Gesehene und Erlebte zu verarbeiten. Die erste Rundfahrt mit Start und Ziel in **Bari** geht in den Westen, die zweite in den Süden der Region.

Lebemann und Freigeist: Friedrich II. hat mit seiner Politik dem Land wichtige Impulse gegeben.

Die romanischen Kirchenbauten – schönstes Erbe des Nordens

Bleiben wir zunächst an der Küste. Über weite Strecken führt die Straße SS 16 – vorbei am Gelände der bedeutenden Handelsmesse von Bari »Fiera del Levante« – am Meer entlang. Am

Einst eindrucksvolle Wehranlage, birgt das Kastell in Barletta heute eine umfangreiche Sammlung neapolitanischer Meister.

Wie Perlen einer Kette reihen sich die Kathedralen zwischen Bari und Barletta aneinander.

Hafen von **Molfetta** erhebt sich mit dem Duomo Vecchio die erste der wie Perlen auf einer Kette aufgereihten einzigartigen Kathedralen, ein prägnantes Beispiel des apulischen Kuppelkirchentypus (→ S. 49). Sie erreichen nach dem alten Städtchen **Biscéglie** und seinen nahen Dolmen, einem der besterhaltenen Megalithgräber des Landes, mit dem gleichsam »über dem Meer schwebenden« Dom von **Trani** einen ersten Höhepunkt, der zu längerem Verweilen einlädt. Der Konkurrenzbau zu Bari gehört heute zu den eindrucksvollsten Kirchenbauten Apuliens überhaupt (→ S. 53). In einer der netten Trattorien der Umgebung läßt sich dann die Mittagszeit auf angenehme Weise verbringen.

Auf Friedrichs Spuren

Das Meer begleitet uns – allerdings in einiger Entfernung, wenn man die Schnellstraße benutzt – bis **Barletta**. Hier besichtigen wir das normannisch-staufische Schloß mit der (angeblichen) Friedrich-Büste und den Koloß von Barletta (→ S. 43), eine Bronzestatue aus dem 4. Jahrhundert. Auf dem Weg nach **Canosa di Púglia** – besonders interessant: die Kathedrale San Sabino und das angeschlossene Mausoleum des Bohemund, Sohn des Normannenfürsten Robert Guiscard – sollte man sich **Canne della Battaglia** nicht entgehen lassen. Vor den Toren der noch im Mittelalter blühenden, von den Normannen total zerstörten Stadt vermutet man den Schauplatz der berühmten Schlacht von Cannae, bei der die Römer 216 v. Chr. von Hannibals Karthagern gedemütigt wurden. Eine archäologische Zone mit kleinem Museum macht den Ausflug in die Antike lebendig.

Cannea della Battaglia – eine der berümtesten Städten römischer Geschichte

Mythos und Legende

TopTen 1

Andria ist ein lebhaftes Agrarzentrum, in dessen Kathedrale Santa Maria Assunta die Gebeine zweier Gemahlinnen Friedrichs ruhen. Mit **Castel del Monte**, der »Krone Apuliens«, kann kein anderes Kastell Italiens konkurrieren. Das in seiner äußeren Erscheinung unvergleichliche Bauwerk, in herber Landschaft majestätisch auf einer sanft ansteigenden Anhöhe thronend, ist zurecht die meistbesuchte Sehenswürdigkeit der Region (→ S. 47).

Architektur und Skulpturenschmuck im Einklang

Apulische Romanik in höchster Vollendung verspricht die Kathedrale von **Ruvo di Púglia**, einem Städtchen, in dem sich Keramikfreunde im Jatta-Nationalmuseum an einer Sammlung kostbarer antiker Vasen delektieren werden. Gleichfalls Superlative sind für die Kathedrale San Valentino von **Bitonto** angebracht, der letzten Station dieser Tour vor der Rückkehr nach Bari (→ S. 446). Keine andere Kirche Apuliens ist reichlicher mit Skulpturenschmuck ausgestattet. Zum Schluß sei auch noch an das leibliche Wohl gedacht: Da die Gegend um Bitonto zu den wichtigsten Olivenproduzenten Italiens gehört, sollte man sich hier mit ein paar Flaschen köstlichsten Olivenöls eindecken. Hinweise auf Verkaufsstellen gibt es zur Genüge. Übernachtungsmöglichkeiten aller Kategorien auf der Strecke.

Löwen, Elefanten und florale Muster sind Schmuckelemente des »romanico pugliese«.

Länge: 175 km
Dauer: 1–2 Tage
Karte: → Klappe vorne

Die Formenstrenge des Bauwerks findet seine Entsprechung in der klaren Gliederung des Eingangsportals.

Kastelle und Kathedralen – Teil II

Kreuz und quer durch Apulien bietet diese Tour mannigfaltige Überraschungen. Und wieder läßt uns der charismatische Stauferkaiser nicht aus seinem Bann.

»Alta mura«, Ort der »hohen Mauern«, erhielt durch Friedrich II. neue Bedeutung.

Einige Tage sollte man für die vielen Stationen jedenfalls veranschlagen, auch wenn man dank hervorragend ausgebauter Straßen schnell vorankommt. Von **Bari** geht es Richtung Süden über die SS 96 nach **Altamura**.

Auf Friedrichs Spuren II – Der Staufer als Stifter

Im mittelalterlichen Zentrum dieser Staufer-Stadt erhebt sich die einzige von Friedrich höchstpersönlich in Apulien gestiftete Kathedrale. Zwei besonders schöne Exemplare steinerner Löwen bewachen das Portal (→ S. 35). In dem vitalen Städtchen **Gióia del Colle** findet sich wiederum eines der zahlreichen Kastelle aus normannischer und staufischer Zeit. Von Grund auf restauriert, beherbergt es ein mit erlesenen Fundstücken ausgestattetes archäologisches Museum. Antiker Keramik, Schmuck und Alltagsgegenständen gilt hier das Hauptaugenmerk (→ S. 48).

Über **Putignano**, Zentrum des turbulenten, farbenprächtigen apulischen Karnevals, und **Castellana Grotte** (→ MERIAN-Tip S. 27), unter dessen Boden sich das größte Tropfstein-Höhlensystem Italiens erstreckt, erreicht man **Conversano** mit einem weiteren mittelalterlichen Kastell. Bei **Polignano a Mare** kehren wir wieder an die Adria zurück – vielleicht, um in der romantischen **Grotta Palazzese** genüßlich zu tafeln (→ MERIAN-Tip S. 20). Auch für Übernachtungen eignet sich dieser Ort mit seinen winkeligen Gäßchen bestens.

Bild S. 101: Unwirkliches Panorama: Die schneeweiß getünchten Gassen der Altstadt leuchten im nächtlichen Polignano.

Zwischenstopp in der »weißen Stadt«

Die Fischkutterparade von Monópoli ist eine Attraktion der Hafenstadt.

Zwei noch weitgehend ursprünglich erhaltene Bauwerke aus dem Mittelalter, das Kastell und die Kirche Santa Maria degli Amalfitani, sollte man sich in **Monópoli** nicht entgehen lassen, während in dem 120 Hektar großen Safaripark von **Fasano** Kinder vergnügliche Stunden erleben dürfen (→ S. 27). Als »weiße Stadt« ist **Ostuni** mit seinen kalkgetünchten Häusern bekannt, aber auch wegen der Kathedrale in spätgotischem Stil am höchsten Punkt des Ortes (→ S. 59).

Von **Brindisi** (→ S. 55) kennen unzählige Urlauber meist nur den Hafen, von dem aus die großen Fähren nach Griechenland ablegen. Doch kann die geschäftige Provinzhauptstadt auch mit einem bis heute militärisch genutzten Friedrich-Kastell, den Schlußsäulen der altrömischen Via Appia und in der Nähe des Flughafens mit einem besonders kostbaren Baujuwel, der gotischen Kirche S. Maria del Casale, aufwarten. Von hier aus geht es wieder zurück ins Landesinnere.

Die Via Appia stellte die Verbindung zwischen Rom und Brundisium her.

Umzug zu Ehren des Kaisers

Ein Staufer-Kastell und eine entzückende Altstadt zeichnen **Ória** aus, alljährlich am ersten August-Wochenende Schauplatz eines historischen Umzugs zur Erinnerung an Friedrich II., während **Grottáglie** seinen Ruhm in erster Linie dem seit Jahrhunderten auf hohem künstlerischen Niveau ausgeübten Keramik-Handwerk verdankt.

Wer nicht direkt das ohne Zweifel hochinteressante Nationalmuseum von **Táranto (Tarent)** ansteuert, sollte um das leider total heruntergekommene Zentrum der durch Industrieabgase verpesteten und durch eine extrem hohe Kriminalitätsrate verunsicherten Stadt einen großen Bogen machen und gleich zum Ausgangspunkt nach Bari zurückkehren (→ S. 87).

Das Gold von Tarent lockt zahlreiche Besucher in eine eher unwirtliche Stadt.

Länge: 380 km
Dauer: 2–3 Tage, problemlose Übernachtungsmöglichkeiten auf der ganzen Strecke
Karte: → Klappe vorne, Klappe hinten

Unterirdisches Apulien – Höhlenkirchen und Felsensiedlungen

Naturerlebnisse der besonderen Art verschafft die wild zerklüftete Erdoberfläche Apuliens, unter der sich eine beachtliche mittelalterliche Kultur entwickelte.

Am Anfang standen orthodoxe christliche Mönche, die gegen Ende des 1. Jahrtausends auf der Flucht vor dem sich immer stärker verbreitenden Islam in den weitverzweigten Schluchten und Höhlen Süditaliens Schutz suchten. Sie bauten die Kalk- und Tuffsteinlöcher zu bisweilen gewaltigen Felsendomen aus und bemalten deren rauhe Wände mit Fresken von Heiligen. Rund um die Klöster bildeten sich später Felsensiedlungen, deren spektakulärstes Beispiel sich in **Matera** befindet, einer Stadt knapp 10 Kilometer jenseits der apulischen Grenze in der Region Basilikata.

Fresken zeugen von der Glaubensverfolgung der Christen.

Naturkrater und Riesenvögel

Von Bari nehmen wir aber zunächst wieder die ss 96 nach **Altamura**. Sechs Kilometer vor der Stadt zweigt beim Bahnübergang nach Gioia del Colle eine kleine Landstraße ab, die zum **»Pulo di Altamura«** führt, eine der größten Dolinen Italiens. Bis zu 90 Meter reicht der gewaltige Trichter von einem halben Kilometer Durchmesser – eine typische Erscheinung des Karstgebietes – in die Tiefe. In den abfallenden Wänden mit seinen zahlreichen, zum Teil schon in vorgeschichtlicher Zeit bewohnten Höhlen nisten Kolkraben, an den windgeschützten Stellen gedeihen seltene Pflanzen. Gleich am Stadtrand liegt Sant' Angelo delle

Der gewaltige Naturkrater war in vorgeschichtlicher Zeit bewohnt.

Grotte, eine Felsenkirche mit drei durch Säulen voneinander getrennten Schiffen und Freskenschmuck aus dem 14. Jahrhundert.

Zeugen der Zeit: Höhlensiedlungen von der Bronzezeit bis heute

Einige der neuzeitlichen Höhlenwohnungen waren noch in diesem Jahrhundert besiedelt.

TopTen 8

Seit der Bronzezeit ohne längere Unterbrechungen besiedelt ist das ärmliche, dramatisch an einer tiefen Felsschlucht (gravina) klebende Städtchen **Gravina in Púglia** (→ S. 48). Im Römischen Reich war die Stadt eine Station an der strategisch bedeutenden Via Appia, der Straßenverbindung zwischen der Hauptstadt und dem Hafen von Brindisi. Im historischen Zentrum mit den engen, gewundenen Gäßchen lassen sich nach wie vor mittelalterliche Strukturen erkennen. Hier findet man mehrere barocke Adelspaläste, unter ihnen den Palazzo Pomarici Santomasi, Sitz eines Museums mit Fresken aus der Höhlenkirche San Vito Vecchio. Interessanteste dieser Felsen-Gotteshäuser im Herzen der Schlucht ist die fünfschiffige, von Mönchen im Mittelalter reich mit Fresken ausgestattete Kirche San Michele.

Stadt in der Stadt: die Sassi von Matera

Eine eigene »Stadt in der Stadt« bilden die Höhlenwohnungen in Matera.

Als UNESCO-Kulturdenkmal hat man die Sassi von **Matera**, die gewaltige Wohnhöhlen-Siedlung in der zweitgrößten Stadt der Region Basilikata, glücklicherweise unter Denkmalschutz gestellt. Zwei Bereiche erkennt man auf den ersten Blick: Die Sassi am Hang der Schlucht und das Wohn- und Geschäftszentrum darüber. Die Neustadt ist recht heruntergekommen.

Nicht weniger als 120 Felsenkirchen befinden sich in der trichterförmig abfallenden Schlucht, in der noch bis Mitte der sechziger Jahre des 20. Jahrhundert Hunderte Familien hausten. Zwei der Kirchen wurden inzwischen vorbildlich restauriert: San Nicola dei Greci und Madonna delle Virtù. Für einen Rundgang durch die Sassi sollte man sich einem der Stadtführer anvertrauen, die beim Eingang in diese Welt von gestern auf Interessenten warten.

Höhlenkirchen und Felsenschluchten

145 Meter tief und 350 Meter breit ist die Schlucht, an deren Rand die Ortschaft **Castellaneta** den Eindruck macht, als drohe sie jeden Augenblick in den Abgrund zu kippen. Auch hier gibt es wieder zahlreiche, meist nur schwer zugängliche Höhlenkirchen. In dieser karstig-kargen Umgebung erblickte 1895 Rodolfo Valentino, erster großer Leinwandstar Hollywoods aus Stummfilmzeiten, das Licht der Welt. Ein Museum, eine Gedenktafel und eine Statue – Valentino in seiner berühmtesten Rolle als Scheich von Arabien – erinnern an das geradezu hysterisch vergötterte Frauenidol der zwanziger Jahre des 20. Jahrhunderts.

Wer hier eine Bleibe sucht, ist in Castellaneta Marina gut aufgehoben.

Mitten durch **Massafra**, dem letzten Stopp vor der Rückfahrt nach Bari (am schnellsten über die Autobahn A 14), verläuft die San Marco-Schlucht. Zwei Brücken, von denen man eine gute Aussicht auf die Grotten und Höhlen der wild zerklüfteten Abhänge genießen kann, verbinden die beiden Teile des Städtchens. Noch einmal sind eindrucksvolle Felsenkirchen zu besichtigen, allerdings nur mit Führer: San Marco, Sant'Antonio, Santa Marina und Candelora (→ S. 91).

Länge: 210 km
Dauer: 1 Tag
Karten: → Klappe vorne, Klappe hinten

Auf die eindrucksvollen Höhlenbehausungen kann man von einer der Brücken gut einen Blick werfen.

Zwergenhäuser und Grotten – Im Land der Trulli

Apuliens Märchenlandschaft mit ihren putzigen weißen Rundhäusern, Weingärten und Olivenhainen auf sanften Hügeln läßt sich bequem mit dem Fahrrad erkunden.

Wenn Wind und Wetter mitspielen, kann man auf dem Rad gut das ländliche Apulien kennenlernen.

Natürlich nicht in der hochsommerlichen Hitzeperiode, dafür aber in der Blütenpracht des Frühlings (April, Mai) oder im Herbst (September, Oktober), wenn »la vendemmia«, die Weinlese, in vollem Gange ist. Hauptstraßen mit viel Autoverkehr kann man zum Großteil meiden. Meist geht es über kleine, durchweg asphaltierte Nebenstraßen viele Kilometer entlang alter Steinmauern, die landwirtschaftliche Anwesen – unter ihnen nicht wenige im typischen Trulli-Stil mit spitzen Runddächern – umgeben. Knorrige alte Olivenbäume spenden immer wieder willkommene Schatten, kulinarische Oasen, ob kleine Trattorien oder Haubenrestaurants, sorgen für Speis und Trank.

Leider sind manche dieser Straßen weder auf einer Karte eingezeichnet noch beschildert.

Geheimnisvolles Trulli-Land: Uralte Symbolik auf Dächern und Heilige vor der Haustür.

Bergab und bergauf nach Alberobello und Locorotondo

Unsere Rundfahrt beginnt in dem reizenden Barockstädtchen **Martina Franca** in schöner Lage auf dem höchsten Punkt der »Murgia dei Trulli«. Das hat den Vorteil, daß wir zunächst einmal vorwiegend bergab radeln können. Im historischen Zentrum besichtigen wir die Kirchen S. Martino und S. Antonio, beide beeindruckende Beispiele apulischen Barocks, sowie den mächtigen Herzogpalast. Nach **Alberobello** (→ S. 92), dem Hauptort des Trulli-Gebietes, fahren wir vorerst etwa zwei Kilometer auf der Hauptstraße und biegen dann nach dem Kirchlein S. Giovanni nach rechts in eine Nebenstraße ein, die uns direkt zu unserem ersten Ziel bringt. Das historische Zentrum, die kompletten Trulli-Viertel »Monti« und »Aia piccola«, ist zum Nationaldenkmal erklärt worden.

Weiter geht es knapp vier Kilometer auf der Straße SS 172 Richtung Putignano. Bei der Masseria Badessa zweigen wir nach rechts in eine landschaftlich besonders reizvolle Nebenstraße nach **Castellana Grotte** ab, ein idealer Ort, um die Mittagszeit angenehm zu verbringen. Für das leibliche Wohl stehen rund um die schönsten und größten Tropfsteinhöhlen Italiens Imbißbuden, Trattorien und Restaurants zur Verfügung.

Einen Besuch dieser faszinierenden Unterwelt sollte sich keiner entgehen lassen.

Für den Rückweg nehmen wir die kleine Straße zur Masseria Guardino, kreuzen dann die Straße Alberobello–Monópoli, durchqueren die Weiler Santa Lucia und San Marco und nähern uns so der letzten Station, dem berühmten Weinort **Locorotondo** (→ S. 93), dessen Altstadt mit ihren schneeweißen Häusern auf einer Anhöhe über dem Itria-Tal zum Bummeln einlädt. Wir schließen den Kreis, indem wir im Valle d'Itria den Weg parallel zur Hauptstraße benützen. Vorbei an Hunderten Trulli gelangt man in kurzer Zeit wieder zum Ausgangspunkt Martina Franca.

Länge: 70 km
Dauer: Tagesausflug
Karte: → Klappe hinten

Ein Hauch von Urwald – durch die Foresta Umbra

Keine andere Gegend Süditaliens ist so vorbildlich für Wanderer erschlossen wie dieses riesige Waldgebiet am Gargano, das man auch den »Apulischen Amazonas« nennt.

TopTen 3

Seltene Vogelarten kann man hier am besten studieren.

Ein Netz von insgesamt 23 Kilometer langen, gutbeschilderten und markierten Wanderwegen durchzieht die **Foresta Umbra**, ein als Nationalpark (**Parco Nazionale del Gargano**) geschützter dichter Mischwald, der sich auf einer Fläche von 10 500 Hektar ausdehnt. In einer Seehöhe zwischen 272 und 827 Metern gedeihen Tannen, Buchen, Ahorn, Stein- und andere Eichenarten, Ulmen, Linden und Eiben. Dazwischen blühen prachtvolle Orchideen – es gibt nicht weniger als 65 verschiedene Arten, ein Rekord im gesamten Mittelmeerraum.

Studium von Flora und Fauna

Die Zufahrt zum Nationalpark erfolgt vom Norden über **Rodi Garganico** und **Vico del Gargano**, vom Süden über **Manfredónia** und **Monte Sant' Angelo**, zuletzt jeweils immer über die Staatsstraße SS 528. Rund 14 Kilometer südlich von Vico, bzw. 16 Kilometer nördlich von Monte Sant' Angelo trifft man auf das **Villaggio Umbra** mit einem kleinen Museum und einem Besucherzentrum (**Centro Visitatori**), wo man sich über die verschiedenen Wanderwege (sentieri = Pfade) sowie über Flora und Fauna des Nationalparks informieren kann. Für längere Wanderungen sollte man sich spätestens hier mit Wasser versorgen, da es unterwegs keine Quellen mit trinkbarem Naß gibt.

Routen unterschiedlicher Schwierigkeitsgrade

Autos dürfen innerhalb des Naturschutzgebietes nur an ausdrücklich gekennzeichneten Plätzen geparkt werden, auch Picknicken und Campen ist lediglich an den dafür vorbereiteten Stellen gestattet, offenes Feuer überhaupt strengstens untersagt. Daß Pflanzen und Tiere unter besonderem Schutz stehen, versteht sich in einem Nationalpark von selbst.

In der Nähe des Zentrums befindet sich auch ein Picknick- und Campingplatz.

Je nach Lust, Laune und Kondition kann sich jeder Besucher des Parco Nazionale del Gargano im Villaggio Umbra seine individuelle Route selbst zusammenstellen. Zur Auswahl stehen einfache Spaziergänge von maximal einer Stunde Dauer bis zu Wanderungen mittleren Schwierigkeitsgrades, für die man auch schon einmal acht Stunden veranschlagen sollte. Natürlich lassen sich auch mehrere »sentieri« zu einem Rundkurs zusammenfassen. Verirren ist so gut wie unmöglich, da auch Wegkreuzungen einigermaßen verständlich beschildert sind.

Kondition ist gefragt bei den schwierigeren Routen.

Wer es sich bequem machen will, begnügt sich mit einem Spaziergang durch den Wald von **Falascone**, durch den schöne, einfache Wege – beginnend an der Rückseite des Teiches beim Villaggio Umbra – führen. Eine längere, mittelschwere Rundwanderung verläuft vom **Villaggio Umbra** zunächst entlang der gelben und rot-weiß-roten Markierung bis zur Abzweigung des »sentiero n.3«. Der längere Weg mit Abstechern zu Dolinen bringt uns zum Forsthaus **Caserma di Caritate** nahe der Strada Umbra-Mare. Zurück geht es dann auf rot-weiß-roter Markierung auf dem Rücken des **Bosco di Sfilzi** zum Ausgangspunkt.

Interessantes Naturphänomen sind die gewaltigen Dolinen, die Durchmesser von bis zu 14 km erreichen.

An Karten seien empfohlen:
Carta I.G.M. (Istituto Geografico Militare) 1:25 000, Foglio (Blatt) 157 IV SO (Vico del Gargano) und Foglio 157 III NO (Foresta Umbra), sowie Carta I.G.M. 1:50 000, Foglio 384 (Vico del Gargano) und Foglio 385 (Vieste).

Länge: 15 km
Dauer: 4–5 Stunden
Karte: → Klappe vorne ■ D 2

Auskunft

Staatliches Italienisches Fremdenverkehrsamt (E.N.I.T.)
In Deutschland
Karl-Liebknecht-Straße 34
10178 Berlin
Tel. 0 30/2 47 83 97, Fax 2 47 83 99

Kaiserstraße 65
60329 Frankfurt
Tel. 0 69/23 74 34, Fax 23 28 94

Goethestraße 20
80336 München
Tel. 0 89/53 13 17, Fax 53 45 27
Prospektbestellungen unter
01 90/79 90 90

In Österreich
Kärntnerring 4
1010 Wien
Tel. 01/5 05 16 39, Fax 505 02 48

In der Schweiz
Uraniastraße 32
8001 Zürich
Tel. 01/2 11 36 33, Fax 2 11 38 85

In Apulien südwestlich ■ a 5, S. 38
Tourismusbehörde der Region:
Assessorato Regionale del Turismo
Via Buozzi 45/c
70123 Bari (BA)
Tel. 0 80/5 40 11 11, Fax 5 40 47 84

Tourismusbehörden der Provinzen
E.P.T. di Bari ■ d 6, S. 39
Piazza Aldo Moro 32–33
70122 Bari (BA)
Tel. 0 80/5 24 22 44, Fax 5 23 51 86

E.P.T. di Brindisi ■ c 2, S. 55
Via C. Colombo 88
72100 Brindisi (BR)
Tel. 08 31/56 21 26, Fax 56 21 49

E.P.T. di Foggia ■ d 3, S. 61
Via E. Perrone 17
71100 Foggia (FG)
Tel. 08 81/72 31 41, Fax 67 68 64

E.P.T. di Lecce ■ c 2, S. 79
Via Monte S. Michele 20
73100 Lecce (LE)
Tel. 08 32/31 41 17, Fax 31 48 14

E.P.T. di Táranto
■ d 1/d 2, Umschlag Rückseite
Corso Umberto 121
74100 Táranto
Tel. 0 99/4 53 23 92, Fax 4 53 23 97

Alternativer Urlaub

Wie allein schon die kreuz und quer gespannten Elektroanschlüsse beweisen, sind die meisten Trulli – diese seltsam anmutenden Zwergenhäuschen – auf dem Land noch, oder schon wieder bewohnt:

Kurze Pause bei einem Espresso. Bars wie diese gibt es unzählige.

Von Bauern, die nichts Seltsames an ihren inzwischen mit allen Segnungen der Zivilisation ausgestatteten Häusern finden. Zu durchaus erschwinglichen Preisen kann man einen zum Feriendomizil umgestalteten Trullo mieten. Info und Buchung bei »Turismo valle dei Trulli«.
Via Madonna della Catena 58
70010 Locorotondo (BA)
Tel. 0 80/4 31 00 98, 0 80/4 31 15 25.

Diplomatische Vertretungen

Deutsche Botschaft
Via San Martino della Battaglia 4,
00185 Roma
Tel. 06/49 21 31, Fax 06/4 45 26 72
Generalkonsulat:
Via Crispi 69
80121 Napoli
Tel. 0 81/66 46 47, Fax 7 61 46 87
Honorarkonsulat: ■ d 5, S. 39
Piazza Umberto I 40
70121 Bari
Tel./Fax 0 80/5 24 40 59

Österreichische Botschaft
Via Pergolesi 3
00198 Roma
Tel. 06/8 55 82 41-44, Fax 8 54 32 86
Konsularabteilung:
Viale Liegi 32
00198 Roma
Tel. 06/8 55 28 80, Fax 85 35 29 91
Honorarkonsulat:
südöstlich ■ f 5, S. 39
Via Dalmazia 179
70121 Bari
Tel./Fax 0 80/5 53 19 95

Schweizer Botschaft
Via Barnaba Oriani 61
00197 Roma
Tel. 06/80 95 71, Fax 8 08 85 10

Generalkonsulat:
Via Pergolesi 1
80122 Napoli
Tel. 0 81/7 61 43 90, Fax 7 61 17 50

Feiertage

1. Januar	Capodanno/Neujahr
Ostermontag	Pasquetta
25. April	La Resistenza/Tag der Befreiung
1. Mai	Festa del lavoro/Tag der Arbeit
15. August	Ferragosto/Mariä Himmelfahrt
1. November	Ognissanti/Allerheiligen
8. Dezember	L'Immacolata/Tag der unbefleckten Empfängnis
25. Dezember	Natale/Weihnachten
26. Dezember	Santo Stefano/Fest des hl. Stefan

Fernsehen

Zahlreiche Hotels und Apartmentanlagen verfügen über Satelliten-TV mit deutschsprachigen Programmen.

FKK

»Ganz ohne« ist in Italien nach wie vor verboten und wird mit strengen Strafen geahndet. Ihrer Bikini-Oberteile allerdings dürfen sich Damen laut höchstem Gerichtsbeschluß durchaus legal entledigen, doch wird man gut daran tun, sich insbesondere an Familienstränden so dezent wie möglich zu verhalten.

Fotografieren

Einheimische, mögen sie auch ein noch so »typisches« Bild abgeben, lassen sich nicht gerne ungefragt ablichten. Um entsprechende Erlaubnis zu ersuchen, gebietet die Höflichkeit. Sonst sind Hobby-Fotografen in Apulien kaum Grenzen gesetzt. Nur militärische Anlagen und Fotografieren in Museen ist tabu.

Geld

Auch die Lira wird – wie die Währungen von zehn anderen europäischen Ländern – ab 2002 durch den Euro ersetzt. Bis dahin gibt es gegenüber DM und Schilling fixe, gegenüber Schweizer Franken recht schwankende Wechselkurse. Im Umlauf befinden sich Münzen im Wert von 50, 100, 200, 500 und 1000 Lit. sowie Banknoten zu 1000, 2000, 5000, 10 000, 50 000, 100 000 und 500 00 Lit.

Gängige Kreditkarten werden von den meisten Hotels, Restaurants und größeren Geschäften akzeptiert, Euroschecks werden nicht so gerne gesehen. Sie kann man – Höchstbetrag 300 000 Lit. pro Scheck – in jeder Bank einwechseln. Bis zu 500 000 Lit. pro Tag lassen sich aus EC-Bankomaten ziehen.

Öffnungszeiten der Banken: Mo–Fr von 8.30–13 Uhr, mitunter auch nachmittags eine Stunde.

Internet

www.italyone.com
bietet allgemeine touristische Angaben über Italien – von Fitneß über Mode bis Reiseziele.

www.italytravelnet.it
bringt, nach Regionen und Provinzen geordnet, recht lückenhafte Informationen über Museen, Hotels, Restaurants und Sehenswürdigkeiten.

Kleidung

Kaum zu glauben: Im Frühjahr kann es noch bis in den Mai hinein am Abend bitter kalt sein, so daß die Mitnahme von Pullovern und Windjacken durchaus angebracht ist. Sonst kleidet man sich – außer in Fünf-Sterne-Hotels und gehobenen Restaurants – eher informell, bequemer Urlaubsdress tut es allemal.

Wechselkurse

I	D	CH	A
Lit	Mark	Franken*	Schilling
1000	1,01	0,84	7,11
2000	2,02	1,68	14,21
5000	5,05	4,21	35,53
7000	7,07	5,89	49,75
10 000	10,10	8,42	71,07
15 000	15,15	12,63	106,60
20 000	20,20	16,83	142,13
30 000	30,30	25,25	213,20
50 000	50,50	42,09	355,33
100 000	101,01	84,17	710,66
150 000	151,51	126,26	1065,99
200 000	202,02	168,35	1421,31
250 000	252,52	210,44	1776,64

Nebenkosten*
(umgerechnet in DM)
[B] an der Bar, [T] auf der Terrasse

1 Espresso	ab 1,80–3,00[B]/4,50[T]
1 Bier	2,50–5,50[B]/8,50[T]
1 Cola	1,80–5,00[B]/7,50[T]
1 Brot (ca. 500 g)	2,00
1 Schachtel Zigaretten	3,50–5,50
1 Liter Benzin	2,00
Fahrt mit Bus	1,50
Mietwagen/Tag	ab ca. 80,00

*Stand: November 1999

Medizinische Versorgung

Sie entspricht dem allgemeinen europäischen Niveau. Gut sortierte Apotheken findet man in jedem größeren Ort, allerdings werden viele Medikamente unter anderen Namen als in Deutschland, Österreich und der Schweiz geführt. In den Badeorten stehen in der Saison kostenlose medizinische Versorgungsdienste für Touristen (**Guardia medica turistica**) zur Verfügung, auch in den öffentlichen Krankenhäusern erhalten Urlauber gratis Erste Hilfe. Sonst sind Arztbesuche und Krankenhausaufenthalte kostenpflichtig. Internationale Krankenscheine von Mitgliedern gesetzlicher Krankenkassen aus EU-Ländern und der Schweiz werden zwar anerkannt, müssen aber zuvor bei der lokalen Krankenkassenstelle in einen italienischen Behandlungsschein umgetauscht werden.

Notruf

Die **Polizei** (**Carabinieri**) ist in ganz Italien unter der gebührenfreien Nummer 1 12, die **Unfallrettung** unter 1 13, die **Feuerwehr** unter 1 15 und die **Pannenhilfe** des italienischen Automobilclubs **ACI** unter 1 16 zu erreichen.

Öffnungszeiten

Für **Sehenswürdigkeiten** (Museen, Baudenkmäler, archäologische Stätten) gibt es in Italien leider keine einheitlichen Regelungen. Kirchen können meist an Vormittagen bis 12 Uhr und dann wieder ab 16 bis 17 Uhr für einige Stunden besucht werden, aber ebenso auf unerklärliche Weise wochentags stets geschlossen bleiben. Die Öffnungszeiten der **Museen** sind laufend Veränderungen unterworfen. Ein Großteil der Museen hat Montag Ruhetag.

Die **Ladenöffnungszeiten** sind in Italien flexibel und liberal. Im allgemeinen halten Lebensmittelgeschäfte und Supermärkte an Wochentagen zwischen 8 und 13 sowie 16 und 20 Uhr offen, manche auch am Sonntagvormittag. An einem – je nach Provinz variablen – Nachmittag pro Woche bleiben die meisten dieser Läden geschlossen. Hingegen lassen Boutiquen oder Souvenirläden in den Touristengebieten praktisch nur in der Nacht ihre Rollbalken herunter.

Banken bedienen ihre Kunden zwischen Montag und Freitag von 8.30 bis 13 Uhr, bisweilen auch eine Stunde am Nachmittag, über **Postämter** läßt sich lediglich sagen, daß sie von Montag bis Samstag generell an Vormittagen ihrem Dienst nachkommen, nachmittags nur die Hauptpostämter größerer Orte.

Politik

Mit der Berufung des ehemaligen Ministerpräsidenten Romano Prodi an die Spitze der **EU-Kommission** in Brüssel hat die italienische Politik international eine starke Aufwertung erfahren. Zwar kämpft sich das jeweilige Regierungsschiff wie in den vergangenen Jahrzehnten durch stürmische See, doch sind die Parteien bei allen Gegensätzlichkeiten um Stabilität sowie um eine Sanierung des Staatshaushaltes bemüht. Nicht zuletzt auch, um die europäische Suppe nicht zu versalzen, könnten doch Krisen politischer wie wirtschaftlicher Natur die bevorstehende Einheitswährung empfindlich beeinträchtigen.

Der seit 1994 am Ruder befindlichen Rechts-Regierung unter Führung der **Forza-Italia**-Bewegung des Medienmoguls Silvio Berlusconi und unter Beteiligung der vor allem in Süditalien starken Neofaschisten

Alleanza Nazionale (AN) folgte seit 1996 das Mitte-Links-Bündnis **L'Ulivo** (Ölzweig). Ministerpräsident Romano Prodi wurde 1998 von Massimo D'Alema (Partita Democrazia Sozialista/PDS) abgelöst.

Post

Wer seine Briefe, Karten oder Pakete mit der normalen Post aufgibt, muß damit rechnen, daß sie erst nach Wochen ihre Empfänger erreichen. Schneller geht es mit dem Zusatz **»Posta Priorita«**, der zur Briefmarke (800 Lit. für eine Postkarte innerhalb der EU sowie in die Schweiz und nach Norwegen) noch die Mindestgebühr von 1200 Lit. (bis 20 g) kostet. Am schnellsten und sichersten, wenn auch am kostspieligsten ist die Beförderung via »Posta Celere« (nicht von allen Postämtern möglich), deren Weg über Kurierdienste (EMS) sogar über Internet verfolgt werden kann. Dafür muß man mindestens 12 000 Lit. (bis 20 g) veranschlagen. Für dringende Nachrichten bleiben Telefon, Fax oder E-Mail. **Briefmarken** (francobolli) sind auf allen Postämtern und in manchen Tabakläden erhältlich. Telefonieren ist auf Postämtern nicht möglich.

Reisedokumente

Für EU-Bürger entfallen Grenzkontrollen, dennoch sollte man stets einen Personalausweis oder Reisepaß mit sich führen. Autofahrer benötigen nur den Führerschein ihres Landes, bei Benützung des eigenen Wagens wird die Mitnahme der Grünen Versicherungskarte empfohlen.

Reisewetter

Für Besichtigungsreisen, Rad- oder Wandertouren eignen sich Frühjahr und Herbst, für Badeurlaube die Monate Juni bis Sept. Apulien hat

Die genauen Klimadaten von **Bari**

	Januar	Februar	März	April	Mai	Juni	Juli	August	September	Oktober	November	Dezember
Durchschnittl. Temp. in °C – Tag	11,6	12,4	14,4	17,8	21,6	26,0	28,3	28,1	25,5	21,3	17,1	13,2
Durchschnittl. Temp. in °C – Nacht	5,7	6,0	7,8	10,7	14,4	18,7	21,2	20,9	18,5	14,5	10,9	7,3
Sonnenstunden pro Tag	3,9	5,2	6,3	7,8	10,0	10,8	11,5	10,3	8,8	6,8	4,7	3,4
Regentage	8	7	6	5	4	3	1	3	4	7	8	9
Wassertemp. in °C	13	12	13	14	17	21	23	24	22	19	16	14

Quelle: Deutscher Wetterdienst, Offenbach

ein gemäßigtes, wenn auch nicht sehr beständiges Mittelmeerklima: im allgemeinen im Winter mild und im Sommer warm, nicht allzu heiß. Der Wind, der über die Hochebenen bläst, kann freilich einerseits eiskalte Temperaturen aus dem Norden, andererseits feuchtwarme Wüstenluft aus dem Süden bringen. Da die Region durch kein höheres Gebirge geschützt ist, wechseln sich Sonnenschein und Regen bisweilen ziemlich abrupt und häufig ab. Nur in den Sommermonaten darf man mit langen Schönwetterperioden rechnen. Die durchschnittliche Niederschlagsmenge beträgt rund 700 mm pro Jahr und kann gebietsweise (Gargano-Wälder, Salento) bis zu 1000 mm erreichen.

Senioren

EU-Bürger (nicht Schweizer!) unter 18 und ab dem 60. Lebensjahr genießen in allen staatlichen – nicht jedoch kirchlichen und privaten – Einrichtungen (Museen, Ausgrabungen und andere Sehenswürdigkeiten) freien Eintritt. Altersnachweis durch einen Ausweis (mit Foto) ist erforderlich.

Sprache

Natürlich sprechen auch die Apulier einen lokalen Dialekt, der für Außenstehende, wenn überhaupt, nur schwer verständlich ist. Gegenüber »stranieri«, Fremden, bemüht man sich aber um eine deutliche italienische Aussprache. In den Fremdenverkehrsgebieten ist Deutsch die gängige Zweitsprache, zahlreiche im Tourismus tätige Süditaliener haben zuvor Jahre in Deutschland oder in der Schweiz gearbeitet. Man kommt also mit dem Deutschen durchaus zurecht. Aber es freut die Einheimischen ungemein, mit ein paar Brocken in ihrer Muttersprache angesprochen zu werden.

Können also einige Vokabeln der Schlüssel zu so manchem menschlichem Kontakt sein, so sollte man sich hüten, die immer wieder faszinierend zu beobachtende Gebärdensprache der Süditaliener nachzuäffen. Eine falsche Handbewegung, eine unbeabsichtigte Geste – und schon könnten peinliche Mißverständnisse entstehen.

Stromspannung

Sie beträgt 220–230 Volt. Um Schukostecker an den Strom anzuschließen, ist nach wie vor ein **Adapter** (spina di adattamento) erforderlich, denn auch die EU hat es bisher nicht geschafft, das System der Stecker innerhalb Europas zu vereinheitlichen. Adapter erhält man an manchen Hotelrezeptionen.

Taxis

Da die meisten ohne Taxameter unterwegs sind, sollte man sich unbedingt vor Beginn der Fahrt über den Preis einigen, da man sonst sein blaues Wunder erleben kann.

Telefon

Italien erreicht man aus dem Ausland über die Landes-Vorwahlnummer 00 39. Dann kommt die Nummer des Gesprächspartners **inklusive** der Null. Seit Dezember 1998 zählt die **Ortskennzahl** (samt erster Null) zum fixen Bestandteil jeder individuellen Telefon- und Faxnummer Italiens, muß also auch bei Telefonaten innerhalb einer Vorwahlzone (z. B. 0 80 ... für Bari und Provinz) mitgewählt werden. Von dieser Regelung ausgenommen sind Notfall- und Servicenummern (z. B. Polizei 1 12, Pannenhilfe 1 16, Zeitansage 1 61).

Vorwahlen
I → D 00 49
I → A 00 43
I → CH 00 41

Alle öffentlichen **Fernsprecher** der Telecom Italia sind nicht nur für Münzen (100, 200, 500 Lit.), sondern auch für Telefonwertkarten (scheda telefonica) eingerichtet, die auf Postämtern und manchmal auch in Tabakläden erhältlich sind. Telefonieren vom Hotelzimmer aus kann teuer kommen, da bis zum Zehnfachen der normalen Gebühren verrechnet werden darf.

Die beiden **Mobiltelefonnetze** TIM (Telecom Italia Mobile) und Omnitel (seit kurzem in Mannesmann-Besitz) haben die technischen Voraussetzungen dafür geschaffen, daß man in fast ganz Apulien problemlos mit einem Handy telefonieren kann.

Tiere

Nicht alle Hotels, Apartmenthäuser, Bauernhöfe und Campingplätze heißen auch Haustiere willkommen, insbesondere größere Hunde werden nicht gerne gesehen. Bei der Reservierung sollte man sich daher unbedingt dementsprechend erkundigen. Generell herrscht an allen Badestränden Italiens Hundeverbot, wobei es bei der Einhaltung dieser Bestimmung ein Nord-Süd-Gefälle gibt. Außerhalb der Hauptsaison kümmert sich im Mezzogiorno kaum jemand um Vierbeiner am Strand. Für die Einreise von Hund und Katz benötigt man (theoretisch, wird aber so gut wie nie kontrolliert) den gelben tierärztlichen Impfpass, wobei vor allem die Tollwutimpfung nicht länger als ein Jahr zurückliegen darf.

In diesem gutsortierten Zeitschriftenladen in Trani findet man alles, was das Herz begehrt.

Trinkgeld

Auch in Italien sind die Angestellten von Fremdenverkehrsbetrieben auf Trinkgelder (mancia) angewiesen, die gleichsam Teil ihres Lohnes sind. Dem Reinigungspersonal im Hotel hinterläßt man – je nach Kategorie – pro Tag und Zimmer zwischen 2000 und 5000 Lit. In einem Lokal spendiert der noble Gast dem Service rund zehn Prozent des Rechnungsbetrages, auch wenn der Bedienungszuschlag bereits im Preis inbegriffen ist. Übrigens rundet man nicht wie nördlich der Alpen den Betrag einfach auf, sondern läßt sich das Wechselgeld herausgeben und läßt dann das Trinkgeld liegen.

Bei Bus-Ausflügen erwarten der Chauffeur pro Person und Tag mindestens 2000 Lit. und der Reiseleiter 3000 Lit., bei geführten Studienreisen, die Spezialkenntnisse von Fahrer und Führer voraussetzen, entsprechend mehr.

Das Personal von Tankstellen erwartet kein Trinkgeld, außer für kleinere Dienstleistungen wie das Säubern von Windschutzscheiben, Ölwechsel oder Reifendruckkontrolle.

Trinkwasser

Grundsätzlich gibt es in Italien kein gesundheitsschädliches Leitungswasser, außer es wird ausdrücklich als »nicht trinkbar« (non potabile) bezeichnet. Es schmeckt aber bisweilen schal und nach Chemie. Zum Durstlöschen wird man sich daher entsprechend gekühltes Mineralwasser besorgen. Unbesorgt kann man aber das Wasser aus dem Hotel-Badezimmer zum Zähneputzen und zum Säubern von Obst verwenden. Ebenso ist es ungefährlich, frischen Salat oder offenes Speiseeis zu essen.

Zeitungen

Die größten überregionalen Tages- und Wochenzeitungen aus Deutschland kommen mit mindestens einem Tag Verspätung in die Urlaubsorte und in die Zentren der größeren Städte; Zeitungen aus Österreich und der Schweiz sind in Apulien so gut wie nicht erhältlich.

Zoll

Seit dem Fall der Zollschranken an den Binnengrenzen der EU Anfang 1993 gibt es innerhalb dieser Länder keine mengenmäßigen Ein- und Ausfuhrbeschränkungen für Tabak, Alkohol etc. mehr. Es muß allerdings erkennbar sein, daß die mitgeführten Waren ausschließlich für den Privatgebrauch bestimmt sind. Sollte bei einer eventuellen Kontrolle der Verdacht aufkommen, daß man mit diesen Waren Handel treibt, wird man zur Versteuerung herangezogen. EU-Bürger können also aus Italien ohne weiteres mehrere Kisten Wein, Olivenöl, Textil- und Lederwaren und Spezialitäten aller Art für den persönlichen Gebrauch mit nach Hause nehmen. Duty-Free-Einkäufe bei Flugreisen innerhalb der EU wurden Mitte 1999 unterbunden, es gibt daher auch keine billigeren Zigaretten mehr an Bord.

Für Schweizer gelten folgende Mengenbeschränkungen: 200 Zigaretten oder 100 Zigarillos oder 50 Zigarren oder 250 g Tabak, 1 l Spirituosen oder 1 l Likör und 2 l Wein, 50 g Parfum oder 250 ml Eau de Toilette.

300 000 v. Chr.
Wie archäologische Funde beweisen, sind der Gargano und das Salento bereits ab der älteren Steinzeit besiedelt.

40 000–20 000 v. Chr.
Nomadenkulturen im gesamten apulischen Raum hinterlassen erste Knochen- und Ritzzeichnungen.

7000–5000 v. Chr.
Hinweise auf feste Ansiedlungen und Viehzucht im Tavoliere, älteste Keramikfunde Italiens.

4000–3000 v. Chr.
Überreste von beachtlich großen, von Mauerringen geschützten Rundhüttendörfern lassen auf eine deutliche Bevölkerungszunahme schließen.

2000–800 v. Chr.
Einwanderung indogermanischer Völker aus dem Balkan-Schwarzmeer-Raum, der Ägäis und Kleinasien, gleichzeitig Zuzug aus dem Norden. Apulien wird zu Beginn der Metallzeit auch zum Schmelztiegel verschiedener Kulturen.

8. Jh. v. Chr.
Um 750 v. Chr. Beginn der griechischen Kolonisation in Süditalien und Sizilien. Großgriechenland – »Magna Graecia« – entsteht, doch Apulien bleibt davon weitgehend unberührt. Dorische Auswanderer gründen 706 v. Chr. Tarent.

5./4. Jh. v. Chr.
Die apulischen Agrarstädte entwickeln sich zu Handwerks- und Handelszentren nach dem Muster der griechischen Stadtstaaten.

3. Jh. v. Chr.
Nach dem Sieg über den griechischen Statthalter Pyrrhus bei Benevent 275 v. Chr. herrschen die Römer über ganz Süditalien. Zwar werden sie 216 v. Chr. von dem Karthager Hannibal in der Schlacht bei Cannae vernichtend geschlagen, doch schon 13 Jahre später etablieren die Herren vom Tiber endgültig ihre Macht für mehr als ein halbes Jahrtausend.

5.–8. Jh. n. Chr.
Mit dem Ende des Weströmischen Reiches 476 Beginn der europäischen Völkerwanderung. Die Westgoten erobern 410 ganz Süditalien. Unter dem oströmischen Kaiser Justinian beginnt Mitte des 6. Jh. die byzantinische Rückeroberung Italiens in Apulien. Parallel dazu setzen sich mit den im Herzogtum Benevent seit 550 heimisch gewordenen Langobarden germanische Einflüsse durch. Die Michaelsgrotte auf dem Monte Sant'Angelo wird als langobardisches Nationalheiligtum zu einer der bedeutendsten Wallfahrtsstätten Europas.

9. Jh.
Nach der Eroberung Siziliens 827 nehmen die von Westen nach Apulien eindringenden Araber 840 Tarent und 847 Bari ein. 871 scheitert der Versuch des Papstes, das islamische Süditalien zu befreien. Wenige Jahre später (876–880) gelingt Teilen Apuliens ein erneuter Anschluß an Byzanz, das Bari 975 sogar zur byzantinischen Provinz-Hauptstadt ernennt.

11.–12. Jh.
1016 landen normannische Kreuzfahrer in Salerno, der schwindelerregende Aufstieg der Söhne des Tankred von Hauteville beginnt. 1043 wird Wilhelm Graf von Apulien, 1059 verleiht der Papst das Herzogtum Apulien und Kalabrien an Wilhelms jüngeren Stiefbruder Robert Guiscard. 1061 erhält mit Roger

ein weiterer Bruder das noch immer islamische Sizilien. Graf Roger unterwirft die Araber, und schon sein Sohn kann sich 1130 als Roger II. die Königskrone des »Regnum Siciliae«, zu dem auch Apulien und Kalabrien gehören, aufs Haupt setzen.

1194
Der deutsche Kaiser Heinrich VI. von Hohenstaufen erbt dank seiner Hochzeit mit Konstanze, der Tochter von Roger II., das normannische Königreich. Ihr Sohn Friedrich wächst in Palermo auf.

13.–15. Jh.
Unter Friedrich II. (1196–1250) erlebt Süditalien die glanzvollste Zeit, seine legitimen Erben aber enden tragisch. 1268 läßt der neue angiovinische Herrscher den letzten Staufer, den kaum 16jährigen Friedrich-Enkel Konradin in Neapel köpfen. 1282 endet die Schreckensherrschaft der Franzosen auf Sizilien in einem Volksaufstand (»Sizilianische Vesper«), Apulien aber untersteht weiterhin dem Haus Anjou, das erst 1442 vom spanischen Haus Aragon abgelöst wird.

16.–18. Jh.
Nach dem Spanischen Erbfolgekrieg errichten die spanischen Bourbonen auf süditalienischem Boden 1713 das »Königreich Neapel«, zu dem auch Apulien zählt.

1806
Napoleons Truppen marschieren ein, sein Schwager Joachim Murat wird König von Neapel und Statthalter von Apulien.

1815
Nach dem Wiener Kongreß erhalten die Bourbonen 1815 ihr Königreich zurück.

1860
Giuseppe Garibaldis Freischärler ziehen in Neapel ein, die Bevölkerung Süditaliens stimmt mit großer Mehrheit für eine Vereinigung mit dem Königreich Italien unter Viktor Emanuel II. von Sardinien-Piemont.

1889
Volksaufstände in ganz Apulien gegen die für den Süden katastrophale Wirtschaftspolitik der Regierung.

1943
Landung der Alliierten in Süditalien; Sturz Mussolinis; Brindisi wird für sechs Monate Sitz der italienischen Exil-Regierung.

1946
In einer Volksabstimmung votieren die Italiener für die Republik.

1950
Gründung der »Cassa per il Mezzogiorno« für den wirtschaftlichen Aufbau Süditaliens (bis 1986).

1970
Seit Kriegsende werden zwei Millionen süditalienische Auswanderer nach Mitteleuropa und in die Neue Welt gezählt.

1980
Das »italienische Wirtschaftswunder« erreicht mit Verspätung auch den Süden. Apulien baut Tourismus-Strukturen aus, schädigt aber durch Bausünden Landschaftsjuwele wie den Gargano.

1999
Während des Kosovo-Krieges wird Apulien zum NATO-Brückenkopf und zum Ziel Tausender Flüchtlinge.

Wichtige Wörter und Ausdrücke

Ja	*si*
Nein	*no*
Bitte	*per favore, per piacere*
Und	*e*
Wie bitte?	*prego, come?*
Ich verstehe nicht	*non capisco*
Entschuldigung, entschuldigen Sie	*scusa, scusi*
Guten Morgen, guten Tag	*buon giorno*
Guten Abend	*buona sera* (sagt man in Italien schon nachmittags)
Gute Nacht	*buona notte*
Hallo	*ciao*
Ich heiße ...	*mi chiamo ...*
Ich komme aus ...	*(io) vengo da ...*
Wie geht's ?	*come va?*
Danke, gut	*bene, grazie*
Wer, was, welcher	*chi, (che)cosa, quale*
Wieviel	*quanto*
Wo ist?	*dove è?*
Wann	*quando*
Wie lange	*per quanto tempo*
Sprechen Sie Deutsch?	*Lei parla tedesco?*
Auf Wiedersehen	*arrivederci*
Heute	*oggi*
Morgen	*domani*

Zahlen

null	*zero*
eins	*uno*
zwei	*due*
drei	*tre*
vier	*quattro*
fünf	*cinque*
sechs	*sei*
sieben	*sette*
acht	*otto*
neun	*nove*
zehn	*dieci*
hundert	*cento*
tausend	*mille*
zehntausend	*diecimila*
hunderttausend	*centomila*

Wochentage

Montag	*lunedi*
Dienstag	*martedi*
Mittwoch	*mercoledi*
Donnerstag	*giovedi*
Freitag	*venerdi*
Samstag	*sabato*
Sonntag	*domenica*

Mit und ohne Auto unterwegs

Wie weit ist es nach ....?	*Quanto è distante ...?*
Wie kommt man nach ...?	*Come si arriva a ...?*
Wo ist ...	*Dove è ...*
– die nächste Werkstatt?	*– l'officina più vicina?*
– der Bahnhof/ Busbahnhof?	*– la stazione/stazione del pullman (autobus)*
– die nächste Bus-Station?	*– la fermata del pullman (autobus) più vicina?*
– der Flughafen?	*– l'aeroporto?*
– die Touristeninformation?	*– l'ufficio turistico?*
– die nächste Bank?	*– la banca più vicina?*
– die nächste Tankstelle?	*– il distributore di benzina?*
Wo finde ich	*Dove trovo*
– einen Arzt/	*– un medico*
– eine Apotheke?	*– una farmacia?*
Bitte volltanken	*Per favore, il pieno di benzina*
Super	*benzina super*
Bleifrei	*senza piombo/ benzina verde*
Diesel	*diesel*
Mischung	*miscela per motocicli*

rechts	*destra*
links	*sinistra*
geradeaus	*diritto*
Ich möchte ein Auto/ein Fahrrad mieten	*Vorrei noleggiare un automobile/una bicicletta*
Wir hatten einen Unfall	*Abbiamo avuto un incidente*
Bitte eine Fahrkarte nach ...	*Per favore, un biglietto per ...*
Hin und zurück	*andata e ritorno*
Ich möchte DM in italienische Lire wechseln	*Vorrei cambiare marchi in Lire italiane*

Hotel

Ich suche ein Hotel	*Cerco un albergo*
Ich suche ein Zimmer für ... Personen	*Cerco una camera per ... persone*
Haben Sie noch ein Zimmer frei?	*Lei ha ancora una camera libera*?
– für eine Nacht	*– per una notte*
– für zwei Tage	*– per due giorni*
– für eine Woche	*– per una settimana*
Ich habe ein Zimmer reserviert	*Ho prenotato una camera*
Wieviel kostet das Zimmer?	*Quanto costa* (*la camera*)?
– mit Frühstück	*– con prima* (*piccola*) *colazione*
– mit Halbpension	*– con mezza pensione*
Kann ich das Zimmer sehen?	*Posso vedere la camera*?
Ich nehme das Zimmer	*Si, la prendo*
Kann ich mit Kreditkarte zahlen?	*Posso pagare con la carta di credito*?
Haben Sie noch Platz für ein Zelt/einen Wohnwagen?	*C'è ancora posto per una tenda/una roulotte*?

Restaurant

Die Speisekarte bitte	*La lista delle vivande* (*il menu*), *per favore*
Die Rechnung bitte	*Il conto, per favore*
Ich hätte gern einen Kaffee	*Vorrei un caffè*
Wo finde ich die Toiletten? (Damen/Herren)	*Dove trovo i gabinetti?* (*Signore/Signori*)
Kellner	*cameriere*
Frühstück	*prima* (*piccola*) *colazione*
Mittagessen	*colazione* (*pranzo*)
Abendessen	*cena*

Einkaufen

Wo gibt es ...?	*Dove è ...?*
Haben Sie ...?	*Lei ha ...?*
Wieviel kostet ...?	*Quanto costa ...?*
Das ist zu teuer	*Costa troppo*
Geben Sie mir bitte 100 g/ein Pfund/ein Kilo	*Per favore, mi dia un etto/mezzo chilo/un chilo*
Danke, das ist alles	*Grazie, è tutto*
Geöffnet/geschlossen	*aperto/chiuso*
Bäckerei	*fornaio, panetteria, panificio*
Konditorei	*pasticceria*
Kaufhaus	*grande magazzino*
Markt	*mercato*
Metzgerei	*macelleria*
Haushaltswaren	*negozio di casalinghi*
Lebensmittel	*negozio* (*generi*) *di alimentari*
Briefmarke(n)	*francobollo*(*i*)
für einen Brief/Postkarte nach Deutschland/Österreich/Schweiz	*per una lettera/cartolina per la Germania/l'Austria/la Svizzera*

A

abbacchio: Lamm
acciughe: Sardellen
aceto: Essig
aglio: Knoblauch
agnello: Lamm
agnolini: gefüllte Teigtaschen
amaro: Magenbitter
anatra: Ente
aragosta: Languste
aranciata: Orangenlimonade
arrosto: gebraten, Braten
arrosto di vitello al latte: mit Speck gespicktes Kalbsgericht

B

bagna càuda: Sauce aus Butter, Knoblauch, Öl, Gewürzen
bagosso: Käse aus Kuhmilch
biscotto: Keks
bistecca: Beefsteak, Schnitzel
bistecca milanese: Wiener Schnitzel
bocconcini: Gulasch
bollito: gekochtes Fleisch
bracciola: Kotelett, Rippenstück
brasato: gespickter Rinderbraten
bressaola: luftgetrocknetes Rind- oder Gemsenfleisch
bruschetta: mit Öl und Knoblauch geröstetes Brot
burro: Butter
busecca: Kuttelsuppe mit Suppengrün oder Bohnen

C

cannelloni: Teigröllchen aus dem Ofen
capperi: Kapern
caprese: Mozzarella und Tomaten
capretto al barolo: Ziegenfleisch in Barolowein
carciofi: Artischocken
carne: Fleisch
cassola: Eintopf mit Wirsing
ceci: Kichererbsen
cervello: Hirn
cinghiale: Wildschwein
cipolle ripiene di magro: pikant gefüllte Zwiebeln
coniglio: Kaninchen
cotoletta alla milanese: paniertes Kalbsschnitzel
crostata: Obsttorte

D

dolce: süß, Süßspeise

E

erbe: Kräuter

F

fagiolini: grüne Bohnen
fegato: Leber
finocchio: Fenchel
formaggio: Käse
forno (al): im Ofen gebacken
fragola: Erdbeere
fritto: gebacken, fritiert
fritto misto: gebackene Fische
frutta: Obst
frutta di mare: Meeresfrüchte
funghi porcini: Steinpilze
fusilli: kleine Schraubennudeln

G

gambero: Krebs
ghiaccio: Eiswürfel
gnocchi: kleine Nockerl aus Kartoffelteig oder Grieß

I

insalata di tartufi: dünne Pilz- und Trüffelscheiben mit Zitrone
insalata mista: gemischter Salat
involtini: kleine Rouladen

L

latte: Milch
lattuga: Kopfsalat
linguine: schmale Nudeln
lombata: Lendensteak

M

maiale: Schwein
mandorla: Mandel
manzo: Rindfleisch
mela: Apfel
melanzane: Auberginen
miele: Honig
minestra: Suppe
minestrone: Gemüsesuppe
morbido: weich, mürbe

N

nasello: Seehecht
noce: Nuß

O

orecchiette: Öhrchennudeln
ossobuco: Kalbshaxe mit Gemüse

P

paglia e fieno: Heu und Stroh, grüne und weiße Bandnudeln
pancetta: frischer durchwachsener Speck
pane: Brot
panino: Brötchen
panissa: typisches Reisgericht
panna: Sahne
parmigiano: Parmesankäse
patate: Kartoffeln
pesce: Fisch
pesce spada: Schwertfisch
pesto alla genovese: Basilikumsauce
piatto del giorno: Tagesgericht
piselli: Erbsen
polenta: Maisbrei
pollo: Hähnchen
porchetta: Spanferkel
prosciutto Schinken

R

ragù: Ragout, Fleischsauce
ravioli: gefüllte Teigtaschen
riso: Reis

S

sale: Salz
salmone: Lachs
salsa finanziera: Sauce mit Trüffelessenz
saltimbocca: Kalbsmedaillons mit Salbei
scaloppine: Schnitzelchen
seppie: Tintenfische
sogliola: Seezunge
spezzatino: Gulasch
spiedo, spiedino: Spieß
spinaci: Spinat
spremuta: frisch gepreßter Saft
stracciatella: Bouillon mit Ei, auch Eis mit Schokosplittern
stufato: Rinderschmorbraten mit Kräutern

T

tacchino: Truthahn
tajarin: Bandnudeln mit Trüffel
tapulone: Schmorgericht mit mehreren Fleischsorten
tartufo: Trüffel, Trüffeleis
tè al limone: Tee mit Zitrone
tè con latte: Tee mit Milch
timballo: Nudelauflauf
tonnato: Kalbfleisch in Thunfischsauce
tonno: Thunfisch
tramezzino: Sandwich
trifolato: getrüffelt
trippa alla romana: Kutteln
tròta: Forelle

U

uovo: Ei
uovo stapazzato: Rührei
uva: Trauben

V

verdura: Gemüse
vino bianco: Weißwein
vino di casa: Hauswein
vino rosso: Rotwein

Hier finden Sie die in diesem Band beschriebenen Orte und Ausflugsziele. Außerdem enthält das Register wichtige Personen, Stichworte sowie alle Tips dieses Reiseführers. Wird ein Begriff mehrfach aufgeführt, verweist die **fett** gedruckte Zahl auf die Hauptnennung. Die **Buchstaben-Zahlen-Kombinationen** verweisen auf die Karte in der vorderen Umschlagklappe.

Liebe Leserinnen und Leser,

wir freuen uns, Ihre Meinung zu diesem Reiseführer zu erfahren. Bitte schreiben Sie uns, wenn Sie Berichtigungen und Ergänzungsvorschläge haben oder wenn Ihnen etwas besonders gut gefällt:

Gräfe und Unzer Verlag, Reiseredaktion, Postfach 86 03 66, 81630 München
e-mail: merian-live@graefe-und-unzer.de

Alle Angaben in diesem Reiseführer sind gewissenhaft geprüft. Preise, Öffnungszeiten usw. können sich aber schnell ändern. Für eventuelle Fehler übernimmt der Verlag keine Haftung.

Lektorat und Redaktion:
Claudia Strand
Kartenredaktion:
Reinhard Piontkowski

Bei Interesse an Karten aus MERIAN-Reiseführern schreiben Sie bitte an:
Gräfe und Unzer Verlag GmbH
MERIAN -Kartographie, Grillparzerstraße 12, 81675 München
e-mail: info@merian-kartographie.de

Gestaltung: Ludwig Kaiser
Umschlagfoto:
Franz Marc Frei, Baia delle Zagare
Karten: MERIAN-Kartographie
Produktion: Helmut Giersberg
Satz: H3A GmbH
Druck und Bindung: Stürtz AG
ISBN 3–7742–0728–3

Alle Fotos Franz Marc Frei außer:
PhotoPress S. 18, 22, 53, 99

Dieses Buch wurde auf chlorfrei gebleichtem Papier gedruckt.

Auflage	5.	4.	3.	2.	1.
Jahr	2004	03	02	01	00